破解家园沟通的44个难题

胡剑红　主编

中国轻工业出版社

图书在版编目（CIP）数据

破解家园沟通的44个难题／胡剑红主编．—北京：中国轻工业出版社，2016.3（2024.9重印）
ISBN 978-7-5184-0806-1

Ⅰ.①破… Ⅱ.①胡… Ⅲ.①幼儿园－家长工作（教育） Ⅳ.①G616

中国版本图书馆CIP数据核字（2015）第311331号

保留所有权利。非经中国轻工业出版社"万千教育"书面授权，任何人不得以任何方式（包括但不限于电子、机械、手工或其他尚未被发明或应用的技术手段）复印、拍照、扫描、录音、朗读、存储、发表本书中任何部分或本书全部内容（包括但不限于光盘、音频、视频等）。中国轻工业出版社"万千教育"未授权任何机构提供源自本书内容的电子文件阅览、收听或下载服务。如有此类非法行为，查实必究。

责任编辑：王慧超　　责任终审：腾炎福
策划编辑：高　君　　责任校对：刘志颖　　责任监印：吴维斌

出版发行：中国轻工业出版社（北京鲁谷东街5号，邮编：100040）
印　　刷：三河市鑫金马印装有限公司
经　　销：各地新华书店
版　　次：2024年9月第1版第10次印刷
开　　本：710×1000　1/16　印张：16
字　　数：130千字
印　　数：31001—33000
书　　号：ISBN 978-7-5184-0806-1　　定价：35.00元
读者热线：010-65181109
发行电话：010-85119832　　010-85119912
网　　址：http://www.chlip.com.cn　　http://www.wqedu.com
电子信箱：1012305542@qq.com
版权所有　侵权必究
如发现图书残缺请拨打读者热线联系调换
241268Y1C110ZBW

编者名单

主　编：胡剑红

编　委：李玲飞　王丹红　王　盈　徐东颖
　　　　杜漫丽　应　怡　应利波　胡　莹
　　　　林　芳　钱　珍　唐爱平　张庆庆

前　言

作为幼儿教师，每天要面对的不仅仅是幼儿，还有我们的家长朋友。我从幼儿师范学校毕业后先在幼儿园当了 14 年的一线教师，后又担任了 12 年的园长，其间接触过许许多多不同职业、不同个性、不同教育背景的家长朋友。家长作为教师的合作者加入到教育者一方，共同对受教育者——幼儿施教，将极有利于提高教育的质量。但是现实生活中能否发挥家长的合作者作用，还受到许多条件的制约，其中教师与家长的沟通是最重要的条件之一。世界上很多国家和地区都把与家长沟通的技能作为幼儿教师必备的基本功，足见其在幼儿教育中的重要性。

家园沟通，简而言之，是指幼儿家长与幼儿园及教师的交流和沟通。看似简单，其实非常有讲究。家长和教师的有效沟通，是双方密切配合的前提，它有助于在教育孩子和培养孩子方面达成合力。如果沟通无效或缺乏沟通，不但误解不可避免，还有可能使孩子受到伤害。

现实生活中，无论是新教师还是老教师，无论是普通教师还是骨干教师，他们在从教生涯中都多多少少遭遇过家园沟通方面的问题和困惑。比如，如何谢绝家长的送礼？遇到爱挑剔的家长怎么办？遭遇家长的匿名投诉如何处理？等等。本书收集了一线教师最为困惑的 44 个家园沟通难题，根据问题属性分为"家园关系的建立""家庭教育的指导""家园矛盾冲突的化解"和"应急事件的处理"四章，运用浅显易读的案例式写作方法对每一个难题进行了"引言—案例—分析—破解策略—举一反三"的结构化呈现。它既能让读者在阅读的时候感同身受、引发共鸣，又能让读者在理论上有所感悟，在经验上有所提升。每个难题之后的"举一反三"，是希望读者在阅读案例、引发思考的基础上学会将这些策略进行迁移运用。

家园沟通的关键在于教师和家长间建立相互信任、尊重、支持的情感桥梁，而这一切首先取决于教师的态度和行为。中国移动通信集团公司有一句著名的广告语是"沟通从心开始"，它道出了一个道理：人与人之间只有通过心灵深处的交流与沟通才能达到真正的了解和信任。因此，希望本书不但能够给广大的幼儿教师带来理念的更新和技艺的优化，更能够给大家积极对待家园沟通带来一份信心。

本书的所有作者均是一线的幼儿教师，她们有的是我曾经工作过的幼儿园的教师，有的是我名师工作室的学员。她们有的年轻而有活力，有的教育经验丰富而又对专业无尽热爱。从收集难题、甄选难题、选题写作、讨论修改到最后定稿，历时整整一年，她们精心编写和努力付出。在此，对她们表示感谢。尤其要感谢我的助手李玲飞老师，是她帮助我完成了书稿前期的许多收集和汇总工作。我也要衷心感谢本书的编辑高君老师，她谦逊平和的态度和精益求精的专业精神深深地感动着我，也不断鼓励着我将这本书做得富有价值而有意义。

胡剑红

2015 年 12 月

目　　录

第一章　家园关系的建立 ··· 1

难题 1　新生家访要注意什么 ······································ 2
难题 2　如何发挥家长志愿者/家长助教的作用 ······················ 10
难题 3　如何赢得家长的喜欢和信任 ······························· 16
难题 4　如何帮助幼儿度过入园分离焦虑期 ························· 25
难题 5　如何谢绝家长的送礼 ····································· 31
难题 6　如何与高学历的家长打交道 ······························· 37
难题 7　如何与爱"挑剔"的家长相处 ······························ 43
难题 8　如何与具有暴力倾向的家长沟通 ··························· 50
难题 9　如何与插班生的家长沟通 ································· 55
难题 10　与祖辈家长交流时应注意什么 ···························· 62
难题 11　孩子生病时，怎样做才能让家长更放心 ···················· 68
难题 12　当家长询问"孩子最近表现怎么样"时，怎样回应最适宜 ····· 73
难题 13　如何利用微信、微博等与家长沟通 ························ 78
难题 14　与家长保持怎样的关系最合适 ···························· 83

第二章　家庭教育的指导 ·· 89

难题 15　如何让家长正视自己孩子身上的问题 ······················ 90

难题 16　如何指导望子成龙心切的家长 …… 94

难题 17　如何指导赏识教育过度的家长 …… 99

难题 18　如何指导过度关注型的家长 …… 104

难题 19　如何指导离异家庭的教育问题 …… 109

难题 20　如何指导家长让孩子度过一个愉快的寒暑假 …… 115

难题 21　入学准备，如何指导家长不要帮倒忙 …… 120

难题 22　当家长提出教师也搞不懂的教育问题时，该如何应对 …… 126

难题 23　如何应对家园教育要求不一致的情况 …… 131

难题 24　如何指导家长参加亲子活动 …… 137

难题 25　如何让"教育慢热型"家长成为家庭教育的能手 …… 142

难题 26　如何指导新生家长帮助孩子度过入园焦虑期 …… 149

难题 27　二孩来临后，如何指导家长正确对待两个孩子的相处问题 …… 154

第三章　家园矛盾冲突的化解 …… 159

难题 28　如何应对家长提出的无理要求 …… 160

难题 29　家长不配合教师的工作，怎么办 …… 166

难题 30　家长只听孩子的一面之词而误解教师，怎么办 …… 170

难题 31　孩子间的冲突，如何向家长反馈最适宜 …… 176

难题 32　如何应对家长的匿名投诉 …… 181

难题 33　如何让家长原谅教师的过错 …… 187

难题 34　家长和教师意见有了分歧，怎么办 …… 191

难题 35　婆媳有矛盾且分别向教师提出相反的要求，怎么办 …… 195

难题 36　家长只喜欢班上某位教师，怎么办 …… 200

难题 37　家长要求幼儿园更换班级教师，怎么办 …… 205

难题 38　家长不愿意与新教师交流，怎么办 ……………………210

第四章　应急事件的处理 …………………………………………… 219

难题 39　孩子在园受伤，如何联系家长并做好善后处理 ……………220

难题 40　班级有幼儿突患传染性疾病，如何告知家长并应对 ………225

难题 41　孩子突然晕厥，怎么办 …………………………………………231

难题 42　当家长当着教师的面争吵时，怎么办 …………………………236

难题 43　家长发现孩子穿着尿湿的裤子回家后来找教师理论，

　　　　　怎么办 …………………………………………………………240

难题 44　家长联名要求幼儿园劝退某个孩子时，怎么办 ……………244

第一章

家园关系的建立

难题1 新生家访要注意什么

 引言

新生家访是每届小班幼儿入园前教师必须做的工作,虽然传统,但是不可或缺。它虽然是教师与孩子、家长的第一次接触,却是彼此建立信任与好感的重要途径。成功的新生家访不仅能缓解幼儿的入园焦虑情绪,使教师后续的教学与家长工作事半功倍;还能展现教师的个人魅力,让家长对教师肃然起敬。那么,面对完全陌生的形形色色的家长与不同性格的孩子,如何第一时间取得家长的信任和孩子的喜爱呢?在家访过程中,又需要注意哪些原则和事项呢?

 **案例**

又是一个毕业季,林老师刚忙完大班幼儿的毕业典礼,就开始着手新小班幼儿的家访事宜。她先将名单按照幼儿家庭的所在区域划分为几个片区,然后逐个打电话预约,安排好家访的日期与时间。随行的搭班教师李老师是个刚毕业的小姑娘,没想到她第一天家访时竟然穿着时尚的短裙、拖鞋。到达一户家庭后,两位教师简单地与家长交流之后便起身离开,继续赶赴下一户家庭。几天后,她们便完成了大部分家访任务,但并没有做相应的家访记录。几户没有约好的家庭也随之任之,没有再约。因此,当开学后家长带着孩子来报名时,两位教师已经忘记了一部分孩子的姓名和特征,加之孩子们刚入园情绪焦虑,哭闹不止,场面颇为尴尬。开学不久,到了要布置环境的时候,两位教师想号召幼儿家长收集物品,可还没开过家长会就让家长准备物品,部分家长并不十分理解,

教师因此显得非常被动。

分析

上述案例中，两位教师家访时存在以下几方面问题。

（1）**认识不到位**。很多教师对家访在家园共育中的独特作用认识不够，总觉得家访费时费力，因此家访时情非所愿，只是被迫完成任务，一味追求速度。上述案例中的林老师是一位颇有经验的老教师，她懂得将幼儿家庭按区域划分以节约家访时间，只是在前期的准备和引导新教师上做得不够。也有的教师在没能与家长约好时间的情况下，擅自把家访改成"园访"，让一些家长带着孩子来幼儿园和教师面谈，美其名曰"提高效率"。虽然其中也许存在着家长不方便待客或路远等客观因素，但更主要的还是教师对家访的重要性、必要性认识不到位。

（2）**操作不科学**。很多时候，教师费时费力安排的家访到头来只是一场行色匆匆的"走秀"而已。为什么访？访什么？怎么访？对于这些问题，很多教师并没有进行过深入思考。上述案例中，两位教师在家访过程中跟着感觉走，跟着家长走，无明确目标，无规范内容，信息采集、分析能力不强，家访效果不理想。其实，家访正是一个深入了解新生个体的具体情况，了解新生的家庭教育状况，与家长沟通教育观念，帮助新生尽快适应幼儿园生活的必不可少的环节。家访前，教师要认真分析并确定家访的内容，深入研究是什么导致孩子刚入园时情绪不稳定，了解家长的需要，以便更好地"对症下药"。家访时，教师要做好必要的访谈记录，为后续的工作提供便利。

（3）**沟通不艺术**。如今在很多幼儿园里年轻教师占主流，她们尚未结婚生子，因此在家园沟通中缺乏换位思考，容易以自我为中心。上述案例中，李老师过于自我的穿着就没有考虑到为人师表的一些要求。教

师在家访中的言谈举止尤为重要，如果在家访过程中出现不拘小节、言辞随意、无视家长和幼儿的需要等现象，会令家长感到无法沟通、难以接受，直接影响家访效果。

上述这些问题都严重影响着家访工作的有效性。

破解策略

教师的第一次家访，将决定未来三年幼儿家长对教师的基本印象和判断，因此必须用心、谨慎。

1. 做好家访前的准备工作

（1）设计路线。在对新生进行家访前，教师要根据新生报名表上的家庭住址合理安排几条家访路线，并大致排好家访时间，以便节约路途上的来回时间，准时进行家访，提高家访的效率。当预设的路线和预约情况有出入时，教师应及时做出调整。通常幼儿园会要求教师晚上安排到相对比较热闹的地区进行家访，至于较偏远的地区则建议安排在白天，以保证教师家访时的人身安全。

（2）预约时间。家访前，教师应通过电话与家长进行预约，并把家访的目的告诉家长，这样既可以避免吃"闭门羹"，又可以让家长有思想准备。另外，预约的口气应是请求商量式，而不是强求命令式。比如，可以这样说："请问您明天有空吗？如果您方便的话，我们两位老师想明天大约×点到贵府家访。"为了体现自己的专业性，教师还可以这样说："家访的目的，是想和您商量最适合您孩子的教育计划，希望到时家庭的主要成员都在。"同时，教师要兼顾到孩子的心理，可以这样对家长说："第一，请不要逼迫孩子跟老师打招呼，因为孩子对我们还不熟悉。第二，请跟孩子说您与老师是好朋友，让孩子感到自然放松。"教师家访时应选

择恰当的时间，以双休日和晚上较空闲的时间为宜，要避免用餐时间和孩子午睡时间前往。教师要守时践约，如因故不能按时到达，应尽早通知家长并说明原因。

（3）了解信息。根据新生报名表了解幼儿和家长的相关信息资料，对特殊信息，如单亲家庭、幼儿有生理缺陷等要特别关注。同时，两位搭班教师之间要做好信息的沟通交流工作。比如，针对需了解的方面、要告知的事项等，可以事先进行分工，一位教师负责了解与讲解，另一位教师负责记录，最好两位教师都有机会和幼儿、家长交流，使幼儿、家长对两位教师都留下深刻的印象。

（4）准备材料。教师在家访前要做好充分的准备，首先是专业知识方面的准备，如3—4岁幼儿的身心发展特点和他们会出现入园焦虑的原因等。掌握这些知识将有助于教师在家访时更好地了解幼儿，与家长进行有效的沟通；其次是物质方面的准备，如带给幼儿的小礼物、新生家访调查表、入园指导小贴士、联系卡、相机、游戏方案等。某些私立幼儿园还会配发家访徽章，教师家访时应戴上，这样更显专业性和正规性。

2. 实施家访

（1）教师衣着得体，言谈举止大方。教师家访时要注意修饰自己的仪容仪表，不穿无袖衫、超短裙、凉拖等不正式的衣着，妆容要简洁、自然、不夸张，言谈举止要既文明礼貌又凸显专业性，做到为人师表又和蔼亲切，以便获得家长与孩子的接纳和喜爱。到访时，轻轻敲门且面带微笑；交谈内容紧紧围绕幼儿教育进行，不聊私事，不谈八卦；告别时表示打扰了，然后轻轻开门，不拿家长的一针一线，维护好教师的形象。

（2）关注孩子而不过分热情。教师初次与孩子见面，切忌过分热情，以免吓到孩子。教师可以假装不太在意，对孩子点点头，与家长进行愉快的交谈，为孩子营造一个轻松愉悦的氛围。同时，悄悄地关注孩子对你的态度，是热情还是冷漠，以初步了解其性格特征。有的教师会在家访时先向幼儿赠送一份精美、可爱的小礼物，这也不失为一种好办法，可以消除教师和幼儿间的陌生感、距离感，让幼儿从一开始就接收到教师的友好信息，从而喜欢教师。小礼物可以是教师亲手制作的，也可以是向中大班幼儿征集来的各种小作品，还可以邀请全园的热心家长共同帮助制作。借赠送小礼物的机会，教师可以抱抱幼儿，向幼儿进行简单的自我介绍。

（3）与家长沟通交流具体问题。 这些具体的问题如下：

- 孩子的身体健康状况。小班幼儿的语言表达能力有限，有时生病了也不会告诉老师。因此，教师首先需要向家长了解孩子平时的身体健康状况，以及生病时会有什么表现。其次，还需了解孩子有无药物过敏史以及食物过敏史等。
- 孩子的性格特征。了解幼儿的性格特征，对于帮助他们尽快适应幼儿园生活非常重要。教师在了解孩子的性格后，应与家长一起商量讨论适合孩子的教育方法，然后家园共同配合，帮助孩子从心理上尽快适应、接纳幼儿园的环境，愉快地开始幼儿园的生活。
- 孩子的自理能力发展情况。生活自理能力是人的一种最基本的能力，包括穿衣、洗脸、刷牙、吃饭、上厕所等。幼儿期是大脑迅速发展的时期，幼儿的生活自理可以有效地促进他们大脑结构的发展。小班幼儿尽快学会生活自理，不但能更快地适应幼儿园的集体生活，而且能培养独立性、社会责任感等。然而，现在的孩子由于在家里被过分呵护，大多自理能力较差，到了幼儿园以后，由此产生的不便使得他们对上幼儿园产生畏难情绪。了解了孩子的自理能力发展现状后，教师就可以有的放矢地向家长提出有关孩子发展的建议。

- 请家长帮助孩子做好入园准备。家访中，教师还可以根据孩子的发展现状和幼儿园工作向家长提出一些建议。比如，让孩子的作息规律逐渐向幼儿园靠拢；宣传幼儿园的办学理念，取得今后工作中家长的配合和支持等。另外，也要提醒家长在家也要创造机会，让孩子多与其他孩子交往，发展孩子的社会性。最重要的一点，是提醒家长千万不要用上幼儿园来吓唬孩子。建议家长把"能上幼儿园"当成对孩子的一种鼓励和赞赏，让孩子形成这样一种心理暗示：上幼儿园是一件开心的事情，那里有很多好玩的玩具和有趣的小伙伴。只有表现好的孩子，才能被奖励上幼儿园。以此，增强孩子上幼儿园的积极性。

（4）请家长填写问卷，听取家长的要求。通常教师在家访时会携带一份新生入园调查表，请家长按要求认真填写。教师在家访中可根据表格的填写情况详细了解幼儿的兴趣爱好、性格特长及家庭结构、成长经历、健康状况、学习环境、在家表现、行为习惯等，并积极听取家长的要求、希望。

（5）按需组织游戏。家访过程中，如有需要，教师可以利用新生家庭既有的资源、条件，组织开展一个相应的亲师游戏或指导被访家庭开展亲子游戏。这样既可以增强教师、幼儿、家长间的情感交流，又可以向家长传递以游戏为主的学习理念。同时，可以告知家长在未来的几年内，幼儿园将让孩子在快乐的游戏中学习、生活。

（6）收集需要的材料。一般新生入园前，为了缓解幼儿的入园焦虑情绪，教师会在教室里放置很多幼儿日常熟悉的物品。因此在第一次家访时，教师在与家长说明用意后，可收集大量需要的材料，如孩子的照片、全家福、手工作品、小衣服、毛绒玩具等。这样做既显示了教师的专业性，也方便了后续的环境布置工作。

(3) **发放小贴士，交换联系方式**。在新生家访中，教师可以向家长发放一份入园指导小贴士，重点就如何帮助幼儿做好入园准备（物质准备、心理准备、能力准备等）进行介绍。同时，还可借助小贴士向家长介绍幼儿园的基本规章制度，如接送制度、交费制度、家园联系制度等。结束家访前，教师可以向家长送上一张特制的爱心联系卡，卡上有幼儿园的多种联系方式，包括班级教师的联系电话、园长的联系电话、幼儿园的网址、园长的信箱等，便于家长有事随时与幼儿园及教师沟通联系，向家长宣传家园零距离沟通的理念。

3. 进行家访小结

(1) **做好家访记录**。新生家访后，教师要及时做好详尽的家访记录，把家访过程、家访达成的共识、家访中受到的启发及发现的问题一一记录下来。然后，根据幼儿在家的表现，结合家访中了解到的资料，对幼儿进行分析、评估，提出适宜的、个性化的教育措施，并把它作为制订班务计划的重要依据。在与家长的交谈中，教师也要找出家庭的核心成员或者权威成员，便于今后更有针对性地找对家长交流、反馈孩子的情况。

(2) **组织经验交流活动**。新生家访后，有的幼儿园会组织多种形式的家访经验交流活动，如家访论坛、家访案例评比、家访专题网络谈等，并就个别棘手的案例进行重点分析，由全园教师群策群力共同寻求解决的方法，让教师在新生入园前就很多问题做好相应的协调与准备工作。这样，一方面可以使幼儿园的新生开学工作进行得更加顺利，另一方面也可以使新入园幼儿能够更快、更好地适应幼儿园的集体生活。当然，这也是提高教师家访能力的有效途径。

第一章 家园关系的建立 9

如果是中途插班生的家访工作,又该注意些什么呢?

(浙江省宁波市海曙区竹福园幼儿园 胡莹)

难题 2　如何发挥家长志愿者/家长助教的作用

引言

　　家庭是幼儿最早接触的环境，家长是孩子的第一任教师。家长与孩子之间亲密的关系，家庭生活中丰富的教育内容，以及家长本身的职业特点、专业技能等，都是学校教育所不具备的。因此，只有家园合作才能实现优势互补，才能使教育资源得到充分利用，从而形成教育合力，更好地促进幼儿的全面发展。这无疑促使家长志愿者或家长助教成为家长参与幼儿园活动的一种有效形式，成为幼儿园和班级教师与家长沟通的一种特殊形式。

案例

案例 1

　　幼儿园晨间户外混龄体育活动时间为 8:30—9:00，幼儿来园后就自行在操场上根据活动路线选择不同的器械进行活动。由于教师人手有限，往往关注不到所有幼儿的安全与生活护理，因此幼儿园想要发动各班家长担任安全监督员。但是由于这个时间段与家长的上班时间冲突，所以很多家长都表示没法持久性参与或参与的可能性不大。

案例 2

　　中班主题活动"宝宝当心"是幼儿园教师结合全国中小学安全教育周开展的教育活动，该活动需要一位担任交警的家长结合自身的工作经验为孩子们上课。刚好班上有个幼儿的爸爸是一名交警，但是关于怎给孩子们上课，这位爸爸感到很茫然，心里也很紧张。于是，他反复跟班级教师沟通具体上课的内容，经过两周的充分准备，他成功地实施了有关交通规则的教育活动。

案例3

某幼儿园的种植区需要日常管理人员，许多幼儿的爷爷奶奶、外公外婆喜欢在家里摆弄花花草草，于是幼儿园从祖辈家长们中间聘请了几位担任护花志愿者。在他们的带动下，年轻的爸爸妈妈也偶尔参与进来。一天早上，圆圆妈妈不但为幼儿园的花草进行了移盆工作，还购买了当季的新品种丰富种植区。路路妈妈看到了，说："你的手真巧！不像我，既不会摆弄花草，也不知道该买什么合适，插不上手。"

分析

组建家长志愿者队伍是班级工作的需要，也是班主任工作能力的体现。但是在实际工作中，由于种种原因，阻碍了家长志愿者参与幼儿园的活动。

（1）时间冲突阻碍家长参与志愿者活动。影响家长担任志愿者的因素有很多，其中时间成为家长首先考虑的的因素。从上述案例中不难发现，由于家长上班的时间和孩子的晨间活动时间基本上处在同一个时间段里，导致很多家长虽然非常愿意担任志愿者，但是由于"工作太忙""没有时间"而无法将这种意愿付诸实践。

（2）性格及自我认同感影响家长参与志愿者活动。部分家长因性格内向及自我认同感较低，导致不能主动地参与幼儿园的活动。比如，上述案例3中的路路妈妈看到圆圆妈妈在种植区里忙碌，心里比较矛盾，

她有帮忙的意愿，但是担心自己的能力和水平不够，导致无法轻松自如地加入志愿者的队伍。

（3）教师的态度与认识影响家长参与志愿者活动。有的教师对组建家长志愿者队伍热情不高，担心家长参与班级活动会影响班级正常的秩序，或者认为家长没有进班活动的经验和能力，还需要教师进行指导，增加了教师的工作负担。此外，有的教师还会让家长做一些琐碎而繁杂的事情，这些都影响了家长的参与热情。

破解策略

家长是否愿意参与志愿者活动，取决于活动能否满足他们在教育孩子方面的需要。因此，教师要抓住家长的心理特点，围绕班级核心工作，根据对家长群体的职业、性格与人际关系特点的把握，通过调研、招募、组织、沟通、协调、培训、评价与激励等一系列工作，有步骤地培养家长志愿者队伍。

1. 发放调查问卷，根据需求与家长特长组建志愿者队伍

本着互相理解、互相帮助的原则，教师如果只考虑幼儿园单方面的需要，而置家长的处境于不顾，必将导致家园合作以失败告终。因此，面对不同类型的家长以及具有不同职业和文化素养的家长，教师应因人而异地发挥家长志愿者的作用。在组建家长志愿者队伍前，教师可以发放一份简单的调查问卷，对家长担任志愿者的意愿、条件有一个初步的了解。比如，上述案例3中的路路妈妈虽然在护理植物区的花花草草上面并不擅长，但是在银行工作的她有着较丰富的钱币知识，因此教师可以邀请她作为助教，教授幼儿有关人民币方面的知识，如了解不同面值的人民币的特点，简单识别真假币等。

2. 邀请祖辈家长参与，积极发挥祖辈家长志愿者的参与热情

现今因为父母多是双职工，幼儿园很多涉及幼儿的日常事务都是由爷爷奶奶、外公外婆等祖辈家长来参与的。因此教师可以发挥祖辈家长的特长，鼓励他们加入志愿者队伍。特别是祖辈家长中有一些活跃分子，他们经常参加老年大学、社区的活动，有一定的才能。因此可以邀请他们参与志愿者和助教活动，为他们搭建展示才能和交流互动的平台，形成教育合力。比如，上述案例1中，幼儿园可以招募一些祖辈家长担任安全监督员，这样不仅能解决上班族家长在时间上的问题，还能给予幼儿更细致的关心和爱护。不过，教师需要提醒祖辈家长了解孩子的哪些行为是需要干涉的，哪些行为是不需要干涉的，以免对孩子的活动造成干扰。

3. 全方位参与，在班级工作中发挥家长志愿者的优势

家长参与幼儿园活动的目的在于了解幼儿园，了解教育任务、目标，掌握幼儿在园的情况，达到配合幼儿园教育的目的。对于一个有组织经验的教师来说，可以邀请家长志愿者参与到保育、教育、教学、管理等多方面的班级工作中来。比如，可以邀请祖辈家长参与到托小班幼儿入园初期的生活活动中来，使幼儿享受到更多的关爱，缓解分离焦虑期的情绪波动；可以邀请年轻的父母志愿者参与到班级主题活动的资料收集、材料准备、玩教具制作以及幼儿外出活动的策划组织等工作中来；每逢开展节日活动或大型活动时，还可以邀请家长参与幼儿园的安全与保卫，活动的策划与组织工作。此外，有的家长还可以利用自己的一技之长帮助幼儿园、班级制作网站，拍摄个性集体照，制作毕业DVD等。不同年龄层家长志愿者的参与提升了他们对幼儿园工作、对幼儿教育的理解，

也增强了家长与教师之间的沟通交流。

4. 有针对性地进行指导，树立家长参与志愿者活动的信心

家长志愿者毕竟不是专职的幼儿教育工作者，他们对幼儿年龄特点的把握未必准确，对幼儿园保教工作的常规和特点也不一定很清楚，所以教师需要对家长志愿者进行一定的指导与培训。上述案例2中，担任交警的幼儿家长虽然交通规则知识丰富，但是没有为孩子上课的经验，所以需要教师就具体活动进行有针对性的、逐步的指导与培训，包括活动内容、活动形式等，而不是让家长无计划、无层次、无轻重的泛泛而谈。

5. 平等对待，消除家长的后顾之忧

家长志愿者参与幼儿园的活动，其形式是多种多样的，教师要尊重每位家长的选择，平等对待每位家长及其孩子。首先，教师要破除自己的保守思想，对组建家长志愿者队伍有一个积极的认识与态度，并且事先将志愿活动的目标、内容、参与人员和基本过程告知家长志愿者，让他们做到心中有数。教师也要尊重家长的主动意识、设计思路以及提出的建议，即使有时家长的想法或提议不宜实施，教师也要给予充分的理解，要注意保护家长的积极性、主动性与创造性。其次，某些未能担当志愿者的家长会担心教师对自己的孩子态度不好。对于这类家长，教师要以良好的工作态度消除他们的后顾之忧。

6. 优化家长志愿者活动，通过评价提升家长志愿者的能力

每学期开学的家长会上，教师要规划好一学期大概的志愿者活动内容与形式，积极利用不同的活动形式邀请不同的家长志愿者参与幼儿园的活动。比如，邀请身为牙科医生的家长志愿者带领大班幼儿开展有关口腔卫生、换牙知识的活动;邀请祖辈家长参与节日特色点心的制作与指导活动,如包汤圆、包粽子,等等。参与的形式和内容由家长志愿者与班级教师共同商定,要遵循本班幼儿的年龄特点和循序渐进的原则。当然,教师组织每个活动都要有始有终,其中评价是不可缺少的一个环节,具有承上启下的积极作用。一方面,评价要具有激励性。面对家长担任志愿者的行动,教师要及时地表达自己的感谢之情,以激励家长再次参与活动。另一方面,评价要具有指导性。比如,担任交警的家长授课后,教师要及时向这位爸爸反馈活动的情况,帮助他分析、判断自己的参与是如何提升幼儿的已有的经验和学习效果的,自己与幼儿的互动交流是否符合幼儿的年龄特点等。通过评价,不但能提升家长志愿者的能力,也有利于教师自己总结工作,为家长志愿者队伍的可持续性发展奠定基础。

举一反三

如果你所在的班级需要担任交警的家长志愿者参与活动,但现实情况无法满足,你会怎么解决?

(浙江省宁波市江东区实验幼儿园　蒋静)

难题3 如何赢得家长的喜欢和信任

引言

在"80后""90后"家长袭来的现今,在"6+1"家庭模式普遍的当下,每一个孩子都是家里的宝贝。把捧在掌心里的孩子送入幼儿园,家长心中难免忐忑不安。如何让家长放心地把孩子交到班级教师的手上,是教师迫切需要解决的一件事情。与家长建立良好的关系,赢得家长的喜欢和信任,既有利于教师组织班级活动,也为和谐班级氛围的营造和良好家园关系的建立打下了基础。

案例

案例1

小(一)班来来的妈妈跟小(二)班牛牛的妈妈是好朋友。这天送完孩子后,两人在幼儿园门口聊起了天。一个说:"我们孩子班上的那位老师看起来凶巴巴的样子,好像不会笑一样,整天挂着一张没什么表情的脸,让我总是很不放心,心里觉得怪怪的。"另一个马上接话说:"好歹你们孩子班上的那位老师还是个年纪轻的,我们孩子班上的那位老师年纪那么大了,怎么能跟小朋友玩到一起啊?幼儿园的老师不应该都是年轻漂亮的吗?""就是就是,我们孩子班上的那位老师穿衣服很时髦,我真怕教坏小朋友。你们孩子班上的那位老师穿衣服那么土,看起来木木的,小朋友审美观都没有了。"……两位妈妈你一言我一语地说了很多不喜欢自己孩子班上老师的地方。悄悄路过的欧老师听了心里既不是滋味,也觉得很委屈:这些都可以成为不喜欢老师的理由吗?

案例 2

托班入园第一天，豆豆在爷爷奶奶、外公外婆、爸爸妈妈以及保姆一众人等的簇拥下，来到小小（三）班。一开始，豆豆看见幼儿园里有那么多的玩具，玩得很开心。可是没过几分钟，在周围小朋友哭泣氛围的影响下，他也开始嚎啕大哭。见状，爷爷奶奶心疼得不停地安慰他，外公外婆也急得团团转，爸爸妈妈看孩子哭得那么伤心，也悄悄抹起了眼泪。班主任丽老师建议家长离开，告诉家长孩子刚入园时哭闹是很正常的，孩子过几天就会适应幼儿园的生活了。豆豆的外公听了，不高兴地说："不是你的孩子，你当然不心疼。"最后，他们一致决定先把孩子带回家，第二天再送来。

分析

上述两个案例反映了家长对教师的不喜欢和不信任，这里面既有家长的原因也有教师的原因。

1. 从家长的角度了解他们不喜欢、不信任教师的原因

没有一位家长会愿意把孩子放在自己不喜欢、不信任的教师的班里。从家长的角度来说，找到一个让自己足以放心地把孩子交给她的教师是一种莫大的幸福。但是为什么很多家长都会出现不喜欢、不信任教师的情况呢？

（1）**期望值过高，与实际情况不符，心里有疙瘩。**比如，从外貌和性格上来说，家长们希望教师和蔼可亲、青春有活力，这样可以带动、感染他们的孩子；从专业上来说，他们希望教师学历高、素质高、知识丰富，可以教给孩子很多的知识和本领；从生活照料上来说，他们希望教师有耐心、有爱心、生活技能强，能无微不至地关心爱护他们的孩子。除此之外，要是教师能和他们谈得来，说话做事能到他们的心坎上，那就更完美了。可是，这么高的期望往往很难在一位教师身上全部得到实现。大部分的家长总是或多或少地看到了教师的一些不足之处，于是心里就有了疙瘩。

（2）**教育观不一致，看问题视角不同，理念上有分歧**。教师在教育孩子、对待教育问题时，会掺杂感性的因素，但更多的时候是理性地分析问题；而对于家长来说，最难的不是自己理性地看待教育的问题，而是接受教师理性的态度，认为那是一种冷漠。上述案例2中，豆豆的外公之所以会说出"不是你的孩子，你当然不心疼"，就是因为他觉得教师没有感同身受家长和孩子的情绪，也就自然不放心把哭泣的孩子就这样交到教师的手里。事实上，几乎每一位幼儿园教师都知道：幼儿入园初期会有分离焦虑，哭泣是幼儿正常的表现，而家长越是难舍难分，幼儿的这种不良情绪就持续得越久。由此可见，面对孩子的哭闹，教师想的是怎样改变这种情况，而家长需要的是得到情感上的认可，这样的不一致自然会导致家长和教师间出现矛盾，也加剧了家长对教师的不喜欢和不信任。

2. 从自身的角度分析教师是否有错

对于家长的心情，其实教师很能理解，谁不想让自己的孩子得到最好的照顾和教育呢？当家长不喜欢、不信任教师的时候，教师首先要反思自己是不是处理得有问题，问题又出在哪里。改变策略，让家长安心，让孩子喜爱，这样才是双赢的局面。就上述案例来说，教师存在以下几方面的问题。

（1）**未做好预防**。上述案例2中，教师既然知道入园初期幼儿会哭闹，那么前期进行家访时打好预防针是很重要的。教师应该运用专业的知识告知家长孩子入园焦虑的一些表现，以及应对的措施，给家长打一剂预防针，帮助他们做好心理上的准备。这样就不至于出现入园初期孩子哭，家长也跟着乱成一团、无所适从的的尴尬局面。

（2）**未及时采取措施**。上述案例2中，在孩子哭闹的时候，教师如果能主动上前抱抱孩子，用专业的方法帮助孩子稳定情绪，转移其注意力，让他可以安静下来，至少能接受教师的安抚，那么家长看在眼里就会感到欣慰和安心，自然也就能接受教师合理的建议，相信教师比他们更加有办法让孩子适应幼儿园的生活。当家长对教师建立了好感和信任感后，后续工作开展起来就会轻松很多。

（3）**未展现优势**。上述案例1中，很明显因为教师没能展现出自己的优势，反而更多地让家长发现了自己的不足之处，导致家长产生了一些误解。年轻的幼儿教师在工作中难免会有一些不周到的表现，行为举止也更加自我一些，但是他们富有青春活力，学习能力更强；老教师虽然在年龄上存在一定的劣势，但是他们丰富的阅历和成熟的处事态度在教育孩子时能起到非常好的作用。因此，每一种类型的教师，都应该通过良好的沟通、真诚的态度以及活动中的优异表现，展现自己优势的一面，改变家长的一些看法，让自己在家长心中树立美好的形象。

破解策略

针对以上分析，要想赢得家长的喜欢和信任，教师需要做到以下几点。

1. 自我修炼，做优质教师

（1）**充满自信，展现优势，感染家长和孩子。** 每一种类型的教师都有自己的出色之处，也有不足的地方。如何发挥自己的特长和优势，赢得家长的尊重和好感，是教师在开学之际需要思考的。新教师虽然年轻，在教育教学经验上尚不成熟，但是他们的的优势在于有活力，有创意，有行动力，有现代感，没有思维定式，能够很快地接受新事物。新教师应该把这些优势展现给家长，让家长知道跟着这样的教师学习，孩子一定会充满活力。特别是在带孩子做早操时，或者在家长开放日活动中，教师一展风采，让家长看见孩子们是多么喜欢自己，自己是多么和谐地融入到孩子们中间，家长自然就会跟随孩子的脚步被教师吸引和带动。成熟型的教师则可以展现自己丰富的工作经验和育儿知识。他们虽然不能像年轻教师那样和孩子们一起尽情地奔跑，但是能把孩子们照顾得无微不至，能让孩子们在奔跑过后静下心来休息和倾听，这样的人格魅力怎能不深深地感染家长。相信家长也会特别放心让这样的教师照顾孩子，也特别愿意和教师分享孩子在家里的点点滴滴。

（2）**专业成长，积累经验，以水平证明实力。** 教师在和家长交流时，多给家长一些专业性的建议，不仅能够展现自己本身的教育素质，而且可以帮助家长解决教育孩子时的困惑，家长怎么能不信任教师呢？比如，面对爱睡懒觉的孩子，有的家长会感到无能为力，还有的家长认为多睡一会儿没有关系。对此，教师首先应从理念上帮助家长分析睡懒觉对孩子的负面影响，如不能养成良好的作息习惯，不能参加晨间锻炼活动对身体不利，会造成孩子心理上的惰性等。其次，应提供有针对性的解决策略。比如，设置一个晨间小闹钟，制作一份美味的早餐，让孩子自己选择喜欢的上学方式，帮助孩子提早了解幼儿园第二天开展的有趣的晨间活动，每进步一分钟可以获得奖励，等等。面对教师提出的专业理念和有效措施，家长自然会更加信服教师。

2. 家园沟通，建友谊桥梁

（1）真诚沟通，互相了解，有针对性地做好工作。教师和家长要建立起信任感，真诚的沟通很重要。首先，面对家长的教育诉说，教师要表现出耐心倾听的态度，让家长感受到你的真诚，让他知道你愿意聆听。同时，你也可以给予建设性的意见。但是当家长的诉说更多地涉及个人私事的时候，教师要学会婉拒，学会将话题转移聚焦到教育孩子的问题上，让家长知道作为孩子的老师，你更乐意帮助他解决教育的问题。其次，教师要合理安排时间，采取预约谈话的形式和家长进行一对一的交流、讨论。比如，可以利用孩子没有来园时的闲暇时间，孩子离园后的一段时间，中午午休的时间，或者晚上规划出半个小时等，与一位家长进行交谈，避免仓促的无效谈话。最后，教师要做好班级问题的收集，然后有针对性地给出建议。有时候受经验和学识所限，教师不能立即提供有效的措施，此时切忌信口开河、不懂装懂，可以告知家长稍后做出回复。

（2）勤于交流，主动建议，化干戈为玉帛。教师和家长交流时不仅要态度"真"，更要次数"勤"。一个班级里的孩子很多，意味着教师面对的家长也很多。教师和家长交流的机会总数不少，可是平摊到每个家长身上却是寥寥无几。那么怎样体现教师时刻在关注孩子、关爱孩子呢？主动交流，有效交流，让家长把不放心的事说出来，教师把"定心丸"送出去，这样即使和家长发生了一些小误会，也能及时得到消除。以下方式供教师参考：

■ 循序渐进，普及交流。教师可以按照幼儿的学号，每周与3～5

名幼儿的家长就孩子的日常情况进行交流。这样一学期下来，就能保证与每个幼儿的家长进行过细致交流。

- 特殊事件，专项交流。如果幼儿当天有特别的事情发生，那么教师可以利用离园时间段单独和幼儿家长进行交流，或者在当天晚上休息前和家长进行网络交流。教师要做到当天事当天毕，绝不遗漏。
- 每月/每周一天，小组交流。教师可以根据本周或者本月班级幼儿出现的普遍现象，与幼儿的家长进行小组交流，共商解决策略。
- 每日上线，信息交流。教师应时刻关注班级QQ群以及其他信息化平台上家长发布的交流信息，做到发现问题及时跟进，没有问题主动发起，让家长感受到教师对班级孩子与家长的时刻关注。

一位勤于与家长交流的教师，定能让家长百般放心。

3. 师幼互动，创和谐氛围

（1）关爱孩子，感动家长，学会抓关键因素。要想赢得家长的喜欢和信任，其实也很简单，只要让孩子喜欢上教师，家长自然也就会喜欢和信任教师。那么怎样让孩子喜欢你呢？

- 微笑和适当的肢体接触：面带笑容地迎接孩子，在孩子需要时轻轻地抱抱他们，就能拉近彼此间的距离，让孩子感到温暖。
- 尊重和理解孩子：保护孩子的自尊心、自信心，能蹲下来倾听他们的心声，理解他们的想法。
- 帮助和支持孩子：在孩子遇到困难与挫折时，及时安慰，给予有效的支持，让孩子信赖你。
- 做孩子平等的游戏伙伴：参与孩子的游戏，与他们建立平等的关系，让孩子感觉你就是他们的小伙伴。

当孩子一来园就冲向教师的怀里，当孩子在家里提及教师时满脸兴奋、滔滔不绝，当孩子有烦恼时第一时间想到的就是教师，当孩子游戏时总是寻找教师的身影，家长又怎能不动容呢?

（2）文字记录，情感渲染，学会创温馨氛围。 文字是世界上最能传递情感的工具之一。有效地利用文字感染家长、感动家长，也是教师获得家长信任、与家长建立情感的一种好方法。在信息化时代，很多班级建立了QQ群、班级家园等网络交流平台，教师可以将自己和孩子们日常发生的小故事记录下来，发布在网络平台上和家长一起分享，这不仅给孩子和家长留下了一份珍贵的礼物，更是教师积累教学经验的一种有效途径。下面是一位教师所分享的记录。

桌子上的一张神秘贺卡

早上，我来到教室后就开始忙忙碌碌地准备教具，再过一刻钟孩子们就陆续来了，要在他们来之前都准备妥当。突然，课桌上的一张粉色的，还散发着清新味道的卡片吸引了我的注意力。是谁放的？带着一份好奇，我轻轻地打开卡片，瞬间我的心就被融化了，只见贺卡上写着："亲爱的老师，今天是您的生日，小（三）班全体孩子借这一张小小的贺卡寄予美好的祝福。祝您生日快乐，生活美满！"后面附着每一个孩子小小的指纹印，上面都是密密麻麻的签名。泪水模糊了我的眼睛，我被班里孩子和家长的贴心举动感动不已。

做一个让家长喜欢和信任的教师，不仅是家长和孩子的福音，更是教师本身的福气。

举一反三

针对案例1中来来妈妈提出的几个不喜欢教师的理由,如果你是欧老师,你会怎样与其进行交流呢?

(浙江省宁波市海曙区闻裕顺南苑幼儿园 唐爱平)

难题4　如何帮助幼儿度过入园分离焦虑期

引言

上幼儿园,是幼儿从家庭生活走向社会生活的第一步。面对陌生的环境和教师,他们会产生不安全感和不信任感,进而出现大哭大闹、情绪不稳等现象。因此,让幼儿尽快喜欢上幼儿园,帮助他们缓解分离焦虑,缩短入园适应期,是非常重要的。

案例

小班幼儿入园第一天,诺诺一到幼儿园就抱着妈妈大哭:"我不要上幼儿园,我要回家。"诺诺妈妈无论怎样安慰都无济于事,最后只得硬起心肠离开。妈妈走后,诺诺还是不停地哭,对任何活动都不感兴趣,对教师的安慰和关心也置之不理。

转眼半个月时间过去了,诺诺仍然排斥老师和小朋友,不愿意和大家一起玩,总是一个人待在角落里想妈妈。吃午饭时,诺诺吵着要妈妈喂;睡午觉时,吵着要妈妈抱。为了不影响其他小朋友,教师只得喂她吃午饭,陪她睡午觉。

慢慢地,诺诺开始适应幼儿园的生活了。有一次班里搞活动,教师邀请了全班家长来参加。诺诺可开心了,因为妈妈能来幼儿园看她表演了。不过,教师事先和孩子们约定:"活动结束后,要开开心心地和爸爸妈妈说再见,不哭的孩子会得到一个大大的奖励。"果然,活动后诺诺没有哭闹,只是要求妈妈多陪了自己一会儿。

 **分析**

上幼儿园，是幼儿独立生活的第一步。之前，他们在家里一直跟爸爸妈妈、爷爷奶奶或外公外婆生活在一起，刚入园时突然和亲人分离，从早到晚面对陌生的教师、小朋友和环境，加上一系列集体生活规则的约束，他们在心理上会产生极大的不安全感，进而出现大哭大闹、排斥教师等现象。这就是幼儿入园初期普遍存在的典型问题——入园焦虑，案例中的诺诺就属于这一情况。

 **破解策略**

作为教师，我们要帮助幼儿缓解入园焦虑情绪，让他们顺利地度过入园适应这个阶段。

1. 创设科学而温馨的活动室环境

（1）布置家庭式温馨的活动室。教师可以在活动室里放置各种质地柔软的物品，如组合沙发、靠垫、地毯等，在带给幼儿安全感的同时，也让他们享受到家一般的温馨。比如，孩子们可以坐在沙发上看书，也可以靠在垫子上看动画节目。教师还可以在活动室里为幼儿打造一个缩小版的家。比如，可以创设一个娃娃家，在里面放上洋娃娃、迷你橱柜组合、梳妆镜、婴儿床、电话、餐桌、各类餐具等，让幼儿可以扮演爸爸妈妈，哄着娃娃吃饭、睡觉。此外，教师还可以把造型生动的小动物玩具架和便于幼儿操作的中低柜靠四面墙壁摆放，以保证幼儿视野开阔，能在每个角落都看到教师，这样既能帮助幼儿获得心理上的安全感，也便于他们随时求助于教师，与教师对话。

（2）允许幼儿把自己的物品带到幼儿园。处于入园分离焦虑期的孩子，需要更多的爱和安全感。教师可以请家长准备孩子心爱的玩具和物品，开学时带到幼儿园摆放到活动室的各个角落，帮助孩子们逐渐消除对幼儿园的陌生感。教师还可以请每个孩子带一张自己的全家福照片到幼儿园，鼓励他们自己装饰相框，然后把全家福照片放在中低柜上，布置成"全家福"展台。这样当孩子们想念家、想念爸爸妈妈时，可以随时看看，以缓解焦虑、思念的情绪。

离开了熟悉的家，来到幼儿园这个陌生的环境，对于所有的物品，幼儿都需要慢慢熟悉。教师要尊重幼儿的家庭习惯，可以让他们在自己的座位上和床上贴上喜爱的贴纸，让他们拥有自己的作品筐，拥有属于自己的摆放物品的柜子；还可以允许他们带来自己喜爱的杯子、毯子和熟悉的枕头，这样不仅保留了幼儿原有的部分生活习惯，而且尊重了他们的喜好，有利于他们放松心情。

（3）充分收集幼儿生活中的材料。暑假家访期间，教师可以请家长配合收集幼儿生活中的材料，然后利用这些材料为幼儿创设一个轻松愉快的游戏环境。比如，把妈妈的旧皮鞋作为娃娃家的玩具，把幼儿喝过的饮料的罐子做成好玩的滚珠筒等。幼儿入园后，在与这些材料的相互作用中进行探究与学习，能够激发起强烈的学习兴趣和求知欲。

2. 营造安全的心理环境

（1）给予幼儿满满的爱。心理学研究表明，幼儿有强烈的情感需求和肌肤刺激的需求，年龄越小的孩子需求越多。因此，每天孩子入园时，教师可以给他们一个关爱的拥抱，摸摸他们的小手；陪孩子搭积木时，可以请他们说说家里有什么有趣的事情发生；帮助孩子系裤子时，可以问问他们最喜欢看什么动画片；陪孩子午睡时，可以聊聊他们在幼儿园最喜欢和谁在一起玩,等等。在这每日的互动中,幼儿会渐渐对教师产生亲切感和依恋感,进而把它们转换成他们需要的安全感。上述案例中的诺诺就是这样,在教师像妈妈一样每天哄她睡午觉、聊天后,她慢慢地开始喜欢老师,喜欢幼儿园了。

(2)开展丰富多样的亲子活动。作为一名用心的教师,还要了解班级家长的情况。在开学前,可以将班级全体家庭根据家庭住址就近分为几个小组,周末由家长自发组织开展家庭小组活动。比如,担任消防员的家长可以带领孩子们亲身体验消防队的生活;会演奏各种乐器的家长,可以给孩子们带来一场听觉的盛宴;爱好户外运动的家长,可以带着孩子们体验大自然的有趣和神奇。丰富多彩的周末活动,让孩子们亲近了自然,熟悉了同伴,加强了与同伴的合作,提高了社会交往能力,同时也增进了亲子感情和家园之间的合作。周末过后,孩子们再到幼儿园时,因为彼此间不再陌生,他们不再感到孤单了。

除了周末的家庭小组活动,每隔一月,教师还可以组织一些亲子活动,邀请爸爸妈妈、爷爷奶奶进入幼儿园和孩子一起游戏,如玩偶节活动、睡衣节活动、母亲节活动、儿童节活动、重阳节活动、家长开放日活动、幼儿园运动会等。对于新入园的幼儿来说,这些丰富的活动会让他们的生活变得更加精彩有趣,从而让他们喜欢上幼儿园,喜欢老师。下面以玩偶节活动为例,谈谈班级幼儿的一日活动安排及孩子们的表现。

- 来园时间:向玩偶介绍自己的座位、活动室及自己喜欢的玩具。
- 区域游戏:和玩偶一起操作材料。
- 集体活动:介绍自己的玩偶叫什么名字,和玩偶一起跳圆圈舞。
- 户外活动:照顾好自己的玩偶。
- 故事时间:和玩偶一起听教师讲故事。
- 午睡时间:让玩偶陪自己睡觉。

■ 集体活动：和玩偶一起跳舞。

来园时间，幼儿向自己的玩偶朋友介绍自己的幼儿园，俨然是幼儿园的小主人。区域游戏时，幼儿和玩偶朋友一起操作各种材料。集体活动时，幼儿向伙伴们介绍了自己的玩偶朋友，教师适时引导："玩偶朋友好羡慕你们每天能来幼儿园，和这么多的小朋友、玩具玩，真开心！"活动使幼儿感受到：和大家分享心爱的玩具比一个人在家玩更开心。午睡时，孩子们表现得最出色。入园后第一周，班上有三分之一的孩子由于想念家人难以入睡。有的翻来覆去，有的咬指甲、吮手指，有的哭闹不止。自从有了玩偶的陪伴，幼儿的心情变好了，焦虑感明显减轻了，心理需要得到了满足。通过玩偶节的活动，幼儿自然而然地熟悉了幼儿园的一日生活常规。

3. 创设内容丰富的活动区

（1）**快乐舒适的电视角。**新入园的幼儿情绪反复无常，适当地让他们看看自己喜欢的动画片，能帮助他们分散注意力。教师可以在电视角铺上各种色彩鲜艳的软垫，随意摆放各式柔软的靠垫，任由幼儿自己选择。当他们听到熟悉的音乐，看到熟悉的画面，有了家的感觉，焦虑情绪也就暂时远离了。

（2）**丰富的点心食品区。**焦虑的时候，能吃上自己喜欢的东西也是一件开心的事情。刚入园的几周，每天都会有细心的家长带来幼儿爱吃的零食。教师可以在点心食品区铺上漂亮的桌布，摆上孩子们喜欢吃的零食，并精心制作小刺猬造型的水果拼盘，让孩子们自主选择喜欢的水果、饼干等。不过，教师要注意不要让孩子过多食用，以免影响孩子的正常进餐。

（3）多样的装扮区。女孩天生爱打扮自己。在装扮区，教师可以为女孩子梳漂亮的发型。比如，给她们扎漂亮的小辫子，然后在小辫子上串上各种颜色的小珠子等。教师还可以为男孩子画超人、蝙蝠侠、蜘蛛侠、老虎、狮子等脸谱。当幼儿在镜子里看见或漂亮或神气的自己时，会觉得老师很不了起，对老师的喜爱、崇拜之情油然而生，因为妈妈平时可不会这样打扮自己哦。

（4）有趣的户外游戏区。充满合作性、竞赛性且形式多样的游戏，往往会让幼儿玩得不亦乐乎。在户外活动时，教师可以带领幼儿开展丰富多样的游戏，如推卡车、抓尾巴、对点子、开电瓶车等。

实践证明，营造家庭式环境氛围是缓解新生入园焦虑的有效途径。它可以帮助幼儿较快地稳定情绪，缩短入园适应期，同时能激发幼儿喜欢上幼儿园、愉快地上幼儿园的积极情感。

举一反三

案例中的诺诺在教师的帮助下基本度过了分离焦虑期，但是要让幼儿真正消除心理上的焦虑，除了上述阐述的方法外，你还会怎么做？

（浙江省宁波市海曙区闻裕顺幼儿园　张庆庆、江曾艳）

难题5　如何谢绝家长的送礼

引言

每逢教师节来临之际，网络上、报刊上都会纷纷刊登关于"给教师送礼"的话题。"到底要不要给孩子的老师送礼呢？如果送的话，送什么好呢？""人家都送我不送，孩子会不会被区别对待呢？"……家长们在为此烦忧的同时，教师们也在为如何谢绝礼物而感到苦恼，他们被送礼之风搞得身心疲惫。尽管各方呼吁多年，但送礼现象依然存在。幼儿教师如何抵制这一不良的社会现象呢？如何能有效地拒绝家长送礼呢？这是值得我们思考的问题。

案例

案例 1

明明是个顽皮的孩子，总喜欢在教室里跑来跑去。因为妈妈工作繁忙，所以平时都是由外婆带他的。教师节前一天离园时间，明明的妈妈来园接孩子回家。她走到王老师面前，从包里摸出一张贺卡，很不好意思地说："王老师，这是我和明明一起制作的贺卡，提前祝您节日快乐，请您收下。"说完，就带着明明离开了。当时王老师正忙着接待其他家长，没能与明明妈妈多交流。待孩子都被接走后，王老师打开贺卡，准备欣赏一下明明的作品，谁知映入眼帘的是一张超市购物卡。王老师赶紧给明明妈妈打电话，对她说："明明妈妈，你和明明一起制作的贺卡很美，谢谢你们！但是购物卡我不能收……"还没等她把话说完，明明妈妈就说："王老师，我们明明这么淘气，要你多费心了。送您一张购物卡是应该的,我现在忙,不好意思啊。"说完,就挂了电话。

第二天,明明的外婆像往常一样早早地把明明送来幼儿园。王老师一见明明外婆就让她把超市购物卡带回去,明明外婆百般推辞,嘴里还嘀咕着:"老师你再推,我高血压要犯了!"唉,王老师为此郁闷不已,不想收礼又还不了。

案例2

东东体质较弱,经常尿床,张老师常常帮助他换洗衣裤,把他照顾得无微不至。教师节来临之际,东东妈妈挑选了几盒化妆品,送给张老师。张老师推辞道:"照顾好每个孩子是我们幼儿园老师的责任。"可是,东东妈妈却找借口说:"是不是我送的礼物你不喜欢啊?"

案例3

小亮妈妈结婚10年后才生了小亮。家里人对小亮百般宠爱,尤其是奶奶,常常偷偷来幼儿园看自己的孙子,还常常阻止他进行户外活动,觉得很危险,任凭教师百般劝说都无效。班主任李老师和小亮妈妈沟通后,小亮妈妈觉得很不好意思,送了李老师一份礼物。

 **分析**

家长之所以要给教师送礼,一般有以下几种原因。

(1)出于感恩的心理。一些家长认为幼儿教师很辛苦,对自己的孩子照顾得很周到,因此想借教师节送礼物给教师,以表达自己的感谢之情。比如,上述案例2中的东东妈妈就是觉得教师常常给东东换洗裤子,非常不好意思,所以给张老师送了一份礼物。

（2）出于变相提要求的心理。一些家长送礼的目的是希望孩子能得到教师更多的照顾，希望教师在幼儿园一日学习、生活中能多多关照自己的孩子。比如，上述案例1中的明明妈妈送礼给教师，一方面是出于对教师的感谢，另一面是希望教师在孩子调皮时能少一些批评，多一些宽容，是变相地对教师提出一些要求。

（3）出于补偿的心理。一些家长在跟教师打交道的过程中，由于沟通不当或者其他原因，难免对教师产生误会，或者给教师的工作带来一些麻烦。事后，担心教师对自己的孩子有偏见，或者出于愧疚的心理，他们会给教师送礼物，如上述案例3中小亮妈妈的做法。

（4）出于跟风的心理。有些家长看到别的家长都在送礼，认为自己不送的话，教师会给自己的孩子"穿小鞋"。出于跟风的心理，他们会给教师送礼。

针对以上分析，面对家长的送礼之风，教师应该做到以下几点。

1. 加强自身修养，抵制歪风邪气

幼儿教师要坚持不懈地充实自己、丰富自己、完善自己，不断地加强个人修养、职业修养，抵制各种歪风邪气，踏实地做好本职工作，真诚地对待每个孩子及其家长，不收取自己工作所得以外的一分一毫。俗话说，"吃人家嘴短，拿人家手短"。当你为了一己私利收受了家长的礼物后，无形之中就给自己套了一个"紧箍咒"，在日后的工作中就很难在这些家长面前挺直腰板。因此，教师要给孩子一个纯净的成长环境，在家长心目中树立为人师表、情操高尚的幼儿教师形象。

2. 与家长多沟通，拒绝从第一次开始

一名优秀的幼儿教师，除了要有丰富的专业知识和良好的自身修养外，还要能与家长进行良好的沟通。

（1）当面送礼，巧妙拒绝。当家长当面送礼时，教师要学会巧妙地拒绝。比如，上述案例2中的东东妈妈为了答谢教师对东东无微不至的照顾，当面送了贵重的化妆品给教师，那么教师可以采取以下方法拒绝。

①用委婉的语言拒绝家长。比如，教师可以说："东东妈妈，照顾孩子是我们应该做的。我们是人民教师，这是我们工作的职责，您不必觉得不好意思。每个孩子都是我们的孩子！化妆品您自己用吧，您赚钱也不容易。您的心意我们领了，礼物不能收！"

②用专业的表现消除家长的顾虑。比如，教师可以和东东妈妈谈谈东东在园的表现，让东东妈妈对教师的信任感更强，让她知道教师对孩子的护理是无微不至的，不会歧视经常尿床、尿裤子的孩子，让她明白教师是专业的教育工作者，有责任心，有信任度。随后教师再拒绝这份礼物，消除家长的顾虑。

（2）不慎收礼，巧妙归还。如果不小心收到家长的礼物，教师要学会巧妙归还。比如，上述案例1中的明明妈妈把贵重的超市购物卡放在贺卡中，教师在不知情的情况下收了礼物后，可以采用以下方法归还。

①放入孩子的衣柜箱，用书信回应家长。教师可以将超市购物卡放入孩子的衣柜箱中，同时给家长写一封感谢信，告诉家长作为一名教师应具有的职业道德，告诉她家长对幼儿园工作的支持就是对教师最好的回报。

②归还给孩子的其他家长，用电话答谢家长。教师可以把礼物归还给孩子家庭中的其他成员，如孩子的爸爸、爷爷等，让家长明白教师对

孩子的真心，了解教师的职业道德，相信教师会照顾好孩子。同时，教师要再次致电明明妈妈，告知她已经把超市购物卡归还给明明的爸爸或爷爷，并再次表示感谢。

3. 开家长会，谈谈"收礼"那些事

开学初召开家长会时，告诉家长教师是不收礼的，让家长明白教师的心意，让他们知道照顾孩子是教师应有的责任。教师可以鼓励他们多为班级出谋划策，多参加幼儿园的各类大型公益活动。比如，邀请家长和教师一起为孩子布置主题环境及生活活动环境；邀请家长做助教，为孩子提供更丰富的知识，等等。

此外，教师还可以在各种节日及家长会前发布不收礼的倡议书，向家长传达"家长的信任和支持就是教师收到的最好的礼物"理念！

倡 议 书

亲爱的家长朋友：

您们好！

在这秋风送爽的美好的日子里，我们又迎来了活泼可爱的孩子们！在这丹桂飘香的收获的季节里，2015年的教师节踩着轻盈的脚步缓缓走来！

在这特别的日子里，我们想对您说：

平等而真挚地关爱每一颗童心，教育好每一个孩子，是我们义不容辞的责任。教书育人，我们责无旁贷！虽然我们的工作很辛苦，但是孩子们的健康成长带给我们无尽的快乐！虽然我们的工作很繁琐，但是您的理解与配合给予了我们无穷的信心和力量！

因此，我园全体教师向每位家长郑重发出倡议：

我们谢绝礼金、礼物等一切馈赠！一句真诚的问候，一个甜甜的微笑，

就已经让我们心满意足！您的支持和信任就是我们收到的最好的礼物！

谢谢您的配合！

幼儿园全体教师签名：_____

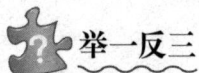举一反三

针对案例2中东东妈妈送化妆品给教师的情况，如果你是张老师，你会怎么做？

（浙江省宁波市宝韵音乐幼儿园　李雅）

难题6　如何与高学历的家长打交道

 引言

随着国家高等教育的迅速发展，幼儿家长的学历层次越来越高。高学历的家长往往有较长或较成功的受教育经历，有的家长还直接从事与教育密切相关的研究或教学工作，对教育也有自己的一套理论，再加上现在的孩子独生子女较多，家长普遍对孩子都很溺爱，这些导致幼儿教师在与高学历家长打交道时面临很大的挑战，但同时也蕴藏着高效沟通的机遇。

 案例

王老师是一位有4年工作经验的幼儿园教师，她工作认真负责，对孩子也非常有爱心和责任心。但她调到了新单位后一直有一个顾虑——她所在的幼儿园家长文化水平普遍较高，班级里硕士家长、博士家长、博士后家长一大片。虽然王老师在幼师毕业后又函授进修了专科、本科学历，但还是觉得在家长面前不够自信。她觉得那些高学历的家长要么能说会道，要么一副傲慢的表情从不与教师主动沟通。她说："我们班的那些高学历家长太难弄了，你说一句，他们能说上十几句，还一套一套的，总在我面前摆高姿态，我都不知道该怎么跟他们沟通，怎样取得他们的信任和尊重。"于是，当幼儿有问题时，她觉得很难说服家长，所以家长说怎样就怎样了，自己也就不再与他们进行深度交流了。

为了做好班级的家长沟通工作，王老师建立了班级QQ群。一天下班后，王老师发现自己的QQ邮箱里有一封家长来信。信件的内容是这

样的：

王老师：您好！

　　我是璇璇的爸爸，我想就璇璇在幼儿园的一些情况想跟您沟通一下。我和璇璇的妈妈都是从海外留学回国后从事高等教育研究工作的，我们希望我们的女儿能接受比较理想的幼儿园教育。璇璇4岁前在美国上过一段时间的幼儿园，那时她上幼儿园总是非常开心，幼儿园里也很自由，她也喜欢幼儿园的老师和同伴。这几天在与女儿的交流中，我了解到她在幼儿园"有些不开心"，问她原因，她说："我喜欢老师和小朋友们，可他们不喜欢我……老师总是表扬其他小朋友……我愿意和小朋友们玩，但他们好像不太愿意和我一起玩……我不想去幼儿园了……"璇璇的想法着实让我感到意外！我很担心这种"不快乐的心情"会影响她在幼儿园的生活，进而影响她的人际交往能力的培养和她对未来学校生活的向往。我认为，幼儿园教育就应该是快乐的教育！我们的教育要"一切为了孩子，为了孩子的一切"，我真切地期望璇璇能得到老师们的帮助，让她快乐地成长！

　　收到这封来信，王老师有点束手无策。从这封信中很明显可以看出，璇璇的爸爸很重视孩子的教育，特别认同国外的教育理念。国内的学前教育虽然越来越重视儿童的个性化发展，但与国外幼教发展的大背景不一样，无法同日而语。而且璇璇平日在幼儿园里是班中的"小自由"。集体活动时，她总是想说就说，随意打断别的孩子回答问题，总觉得自己是最棒的！区域游戏时，她也总是更换游戏区，对每个区域都有兴趣但不能深入，还不愿意接受同伴或教师的建议，因此总是遭到同伴的"冷落"。王老师想告诉璇璇爸爸孩子的真实情况，又担心以自己的能力说服不了璇璇爸爸。

 **分析**

王老师的困惑,也是当今大多数幼儿教师在家长工作方面面临的一个问题。目前幼儿家长中人才济济,有硕士或博士,有高校教授或专业人才;而幼儿教师的学历虽有提高,但很多是后续学历,第一学历不高的现象还普遍存在,因此幼儿教师在与高学历家长打交道时常常感到底气不足。上述案例中,王老师虽然第一学历不高,但是能主动进修,说明她是一位有上进心的教师。但是对于家长一套又一套的说教与理论,王老师表现出厌烦和敷衍的态度。她觉得家长"难弄",觉得家长总是在自己面前"摆高姿态",甚至"不知道该怎么与家长沟通",这说明王老师在家园沟通上还不够自信。其实只要幼儿教师有一颗求知的心,有孜孜不倦学习的态度,那么在与高学历家长的接触中是可以慢慢建立自信的。幼儿教师要深信,就幼儿园教育而言,自己是经过专业学习和培训的人员,尽管在学历方面呈现出"短板",但是在专业知识和能力上是可以让高学历家长刮目相看的。因此,幼儿教师应提高自身的专业素养,多阅读、多反思才是良方。

 **破解策略**

上述案例中,王老师对家长的认识停留在"难弄"这一点上,而没有认识到在与高学历家长的沟通过程中,只要双方理念一致,他们会非常愿意配合。只要教师改变思维定式,为这些家长提供交流的平台,并通过多种形式促使他们参与到幼儿园教育教学活动中来,那么家园共育就很容易产生实效。同时,幼儿教师需要提高自身的沟通能力,拓宽知识范围,树立幼儿教育的专业自信,挖掘高学历家长的资源,把他们发展成为沟通层次比较高的幼儿园教育的合作伙伴。对于幼儿园来说,这

样的家长越多，越有利于家园间的对话和沟通，越有利于幼儿园全面了解和教育幼儿。

1. 换位思考，理解家长有自己的教育观念

高学历的家长往往具备相当高的教育素质，所以在教育孩子方面有自己的想法是很正常的。他们关注孩子的成长和发展，能积极主动地吸收先进的教育理念。他们大都把孩子的教育放在首位，在繁忙的工作之余，会抽空阅读教育孩子的各类相关书籍。他们崇尚为孩子创设身心自由成长的教育环境，认为孩子的阅读习惯培养重于知识的学习。在家庭教育中，他们具备教育的民主意识，会注意孩子的个性培养和发展需要。因此，上述案例中，当王老师遇到爱在教育理念上与自己切磋的家长时，可以这样想："如果我是孩子的家长，也肯定会提出自己的想法，这是很正常的。不过，很多家长只有空洞的理论，缺乏实践经验。我可以从家长那里学到新的教育理论，家长也可以从我这里学到具体问题的实践解决经验。"有了这种换位思考，教师才能与家长进行深度的交流。只有理解家长，才能让家长赏识幼儿教师。

2. 为家长之间的交流搭建平台

高学历的家长往往自身素质较高，对家庭教育有一定的理念，所以教师可以为家长们搭建深入沟通交流的平台。比如，在开家长会时，教师可以收集班级幼儿存在的共性问题，罗列之后抛出来让全班的家长参与讨论，甚至可以开展育儿沙龙、育儿论坛、育儿辩论赛等活动，让家长们的家庭教育理念在沟通和碰撞中得以提升。这样做，效果要远远高于教师的说教。有些家长很关注孩子的身心发展，但是平时工作比较忙，针对这种情况，教师可以和他们定期进行网络（如QQ、微信等）交流。

通过交流平台的拓展，家长能够增加育儿的实践经验，同时也激发了参与幼儿教育的热情。

3. 灵活运用专业指导的实践经验，为家长答疑解惑

尽管高学历的家长通过学习掌握了一定的教育理念，也有自己的一些教育方法，但是他们中的很多人是在育儿的过程中"学习"当父母的，他们没有接受过系统的学前教育培训，教育经验非常有限，因此高学历的家长容易出现教育理论与教育实践脱节的现象。幼儿教师可以利用自己丰富的实践经验，对高学历的家长进行教育技巧的指导。如果教师能抓住一些教育契机和细节，开展随机教育，相信很多聪明的家长会看在眼里，佩服在心里。

比如，上述案例中，王老师可以回信邀请璇璇爸爸抽空参与家长助教活动，让璇璇爸爸亲自到幼儿园寻找女儿不快乐的原因。在助教的半日活动中，璇璇爸爸一定会细心观察女儿的言行，会发现女儿游戏的不深入，也会了解到女儿不快乐的根源。同时，王老师再注意运用多种引导方式，让璇璇的"小自由"不影响他人，让她的"不深入"因游戏或材料的改变而改变。相信通过这样的方式，璇璇爸爸能理解教师带班的不易和专业性，也能了解到自己的孩子在集体生活中的优缺点，从而进一步反思家庭教育中的不足。

细心的教师，还可以对每个孩子进行有针对性的分析和指导，既分析孩子优点背后折射出来的家长的育儿理念，也指出改善幼儿不足的建议，在读懂孩子的同时也读懂家长的育儿理念。然后把自己的分析与家长分享，这样可以大大提高家长对幼儿教师的信任度。

举一反三

针对案例中璇璇爸爸提出的"希望我们的女儿能接受比较理想的幼儿园教育",如果你是王老师,你会怎么做?

(浙江省宁波市鄞州区首南学府实验幼儿园 应利波)

难题 7　如何与爱"挑剔"的家长相处

引言

一个班级里,孩子们之间存在着个体差异。同样,家长们之间也存在着差异。有的家长热情阳光,与教师交流很多;有的家长外冷内热,默默理解并配合教师的工作;也有少数爱"挑剔"的家长,经常给教师提一些意见和建议。遇到这样的家长,很多教师会感到头疼,因为在这些家长面前,教师总觉得没有工作成就感,进而在心理上对这些家长形成一种对立和排斥。教师若不及时分析其中的原因并积极消除这种心理的话,非常不利于班级家长工作的开展,也会影响到家园和谐关系的建立。

案例

开学后不久的一天,小(一)班陈老师正在教室里热情地接待来园的幼儿和家长,只见跳跳妈妈领着跳跳径直走到自己跟前,毫不客气地说:"陈老师,昨天晚上我们跳跳打了几个喷嚏,好像有点感冒,肯定是因为跳跳的床正好在电风扇下面的缘故,给我们换个床位吧!"陈老师看了看跳跳的床铺,发现还真的是在电风扇下面,于是答应给跳跳换了个靠墙的位置。

过了几天,陈老师结束一天的工作回到家,晚饭后照例打开电脑进入班级QQ群,准备和家长们聊聊。只见QQ群里跳出了一连串的聊天记录,大都是家长们对教师为缓解孩子入园焦虑所做的一切表达的深深的感谢之情。忽然,陈老师看到跳跳妈妈在群里发表的留言:"听我们家跳跳说,今天老师让她们看了很大很大的电视。哎呀,多看电视对孩子的视力影响很大。我们得跟老师说说,不要让孩子成天看电视!"陈老师看后觉得很委屈,一来教室里安装的是互动式电子白板,对幼儿的视力没有影响;二来今天只是在让孩子们学习儿歌时看了一下动画课件,并没有让他们成天看。不过,陈老师也懒得在群里解释了。

快到学期中期了,幼儿园开展了班级家长开放日活动,邀请家长来园观摩孩子们的生活活动情况,并向家长发放了家长开放日活动记录与反馈表。下午陈老师在整理回收的几张记录表时发现,跳跳妈妈在表格上密密麻麻写了很多条意见,包括:吃早饭时不要让孩子自己拿饼干,可以让保育老师统一给孩子分;半天的活动太多了,孩子一直在玩,小屁股坐不住;集体过生日时,让孩子多吃奶油蛋糕不好,孩子奶油吃多了会发烧,等等。陈老师看后很是苦恼。

分析

"没有无缘无故的爱,也没有无缘无故的恨。"家长"挑剔"幼儿园和教师的工作,并不是跟幼儿园和教师过不去,一定是有原因的。

1. 从家长的角度来分析

家长之所以"挑剔"幼儿园和教师的工作,可能是因为他们对幼儿园和教师的理念不了解,也可能是因为他们的个性。

(1)对幼儿园和教师的教育理念、方法不了解,还未对教师建立信任感。家长对幼儿园和教师的教育理念、方法不太了解,在观念上无法形成一致性;对教师还未建立信任感,因此教师的一些做法无法得到他们的理解和认可。上述案例中,跳跳妈妈是一个新小班的家长,对幼儿园和教师的教育理念、方法并不了解,因此才会把"电子白板"说成是"电视",才会将孩子沉浸于各种游戏活动中误解为"小屁股坐不住"。

（2）个性上以自我为中心，教育孩子时较为主观。现在大部分年轻的幼儿家长自己亦是独生子女，难免以自我为中心，在孩子的教育上较为主观，不易接受教师的教育决策，也不善于用合适的方式与教师进行沟通。上述案例中，跳跳妈妈作为一个"80后"新手妈妈，个性较为主观，也不善于选择合适的方式与陈老师进行沟通交流。比如，她用命令式的语言要求教师为孩子调换床铺，在QQ群里公开指责教师成天让孩子看电视，等等。

2. 从幼儿教师的角度来分析

固然，家长身上存在一定的原因，但是教师更应该从自己身上找到问题的根源。很多时候，家长的怨言、挑剔、意见都是因为教师的工作做得不到位而引起的。从上述案例中陈老师的身上我们不难发现，在对待家长的态度和具体的做法上，她确实存在不当之处。

（1）对幼儿个体的情况了解得不深入，开展工作时考虑得不够细致。就上述案例中安排床铺这项工作来说，如果陈老师当初能够对像跳跳这样体弱的孩子有所了解并对床铺有所调整的话，跳跳妈妈也就不会为床铺的事情来找教师了。

（2）未能及时将幼儿园的教育理念和方法传达给家长。幼儿园的教育理念和方法，是需要教师向家长进行介绍和说明的。但是从上述案例中跳跳妈妈"挑剔"的问题，如看电视、活动太多、不要让孩子自己拿饼干等，我们可以判断陈老师并未及时地将幼儿园的教育理念、课程安排、教育方式等向家长们进行宣传。其实，跳跳妈妈之所以提出这些意见，就是因为她对幼儿园的教育理念不了解、不理解。

（3）未能及时采取积极的措施应对家长的意见。对于家长提出的意见，教师做何反应，是决定教师与家长之间关系的关键因素之一。上述案例中，对于跳跳妈妈的"挑剔"行为，陈老师不是及时地反思自身的行为，而是简单地采取逃避、排斥、对立、忽视等消极的做法。在连续几次遇到跳跳妈妈的误解和挑剔，尤其是在 QQ 群里看到跳跳妈妈公开发表的意见之后，陈老师产生了委屈、气愤等负面情绪，没有及时地在 QQ 群里公开解释或与跳跳妈妈进行深入的沟通，导致误解继续存在。跳跳妈妈也会由于自己提出的意见未能及时得到教师的回应而心生郁闷，感觉自己不受教师的关注和尊重，进而可能导致家园关系紧张，也就更容易引发家长对教师工作的不满。

破解策略

针对以上分析，在面对家长提出的各种意见和建议时，教师应该做到以下几点。

1. 虚心接纳家长的意见，及时反思自身的不足

作为教师，首先要理解家长向幼儿园和教师提意见，并非故意找茬。只有这样，教师才能真正站在家长和孩子的角度来反思自己的做法是否合适、正确。比如，上述案例中，跳跳妈妈提出的换床铺的要求并非不合理。教师需要反思的是：为什么一开始就没能了解到这一情况？为什么等到跳跳妈妈来反映了才发现床铺安排得不合理？教师应深刻地认识到自己在安排幼儿床铺这件事情上太过草率，没有深入地了解每个幼儿的身体状况和一些特殊的需求。如果教师能在先前了解到跳跳体质弱、易生病，并且就此对床铺的安排进行一些适当的调整，就会让家长感受到教师对孩子的关爱，从而增进对教师的了解、信任和尊重。

因此，当家长向教师提出意见时，教师应当虚心接纳。若自身做法的确存在不当之处，则应及时向家长承认错误或表达歉意，然后用合理的方式加以调整、改进。比如，上述案例中，陈老师听了跳跳妈妈对床铺安排不合理的抱怨后，应马上向跳跳妈妈表示歉意，与跳跳妈妈一起找一个风扇吹不到的床位，最后还要向跳跳妈妈表达谢意，感谢她能及时提醒教师的不足，让自己不断成长。

一个人的态度往往决定着他是否能够取得成功。因此对于家长的意见和建议，教师表现出来的态度非常重要。虚心接纳并不会降低你在家长心目中的地位，反而会给家长留下好的印象。

2. 分析意见的合理性，真诚与家长沟通

面对家长的"挑剔"，教师要及时理性地分析这些意见的合理性。对于确由自己工作不当造成的问题，教师应及时致歉、承认不足，并倾听家长的想法，共同寻求解决、改进的方法。然而，有些意见则是因为家长没有很好地了解幼儿教育的特点、方法所提出来的。比如，上述案例中，当跳跳妈妈提出"半天的活动太多了，孩子一直在玩，小屁股坐不住"时，教师需要首先分析家长提出这个意见的原因，然后采取多种途径帮助她了解幼儿园的课程安排和教育理念。比如，可以邀请跳跳妈妈来参加家长学校"儿童游戏的意义"的讲座，让她了解游戏是儿童的天性，是促进儿童发展的主要学习方式；也可以从幼儿园的资料室里或者网络上找一些关于儿童游戏的书籍资料推荐给她阅读；还可以将跳跳在幼儿园游戏中的表现用相机拍下来发给她，让她看到孩子在游戏中快乐的笑脸、灵活的动作、与同伴的交往，等等。平时，教师更应该及时地向她反馈跳跳在园的各种积极表现，让跳跳妈妈真正感受到游戏给孩子带来的益处，如此，她就再也不会提出先前那样不合理的意见了。

因此，教师应该本着"有则改之，无则加勉"的态度正确看待家长的意见和建议。对于一些不合理的的意见和建议，则要更加细致地分析原因，然后与班级其他教师、同年级组班主任或园领导一起商量，寻求合理的方式向家长解释，消除家长的误解，达成家园教育的一致性。

3. 变被动的被挑剔为主动的要建议

当教师遭遇家长的第一次"挑剔"后，应该对这些家长加以重视，要变"被动的被挑剔"为"主动的要建议"。教师要经常询问、征求他们对幼儿园、班级和教师的意见和建议，了解他们对孩子在幼儿园接受教育的需求，让他们有机会充分表达自己的观点、想法，同时教师可以当面向其进行说明、解释、引导和论证，以达到教育理念和方法运用的一致性。即使出现了误解、分歧，教师也要积极主动地与家长进行沟通。比如，针对上述案例中跳跳妈妈认为教师老让孩子看电视的误解，陈老师应该及时地与跳跳妈妈沟通，同时在群里公开说明一下，也让更多的家长了解这个事情。

教师还可以通过多种方式和途径向家长们征集对班级各项工作的建议。比如，建立"班级金点子信箱"，让家长可以随时将意见和建议投入其中。若被采纳，还可以在期末得到一定的精神或物质奖励。奖励虽小，但显示的是幼儿园和教师开放的胸襟。每次接手新班，教师可以通过家访、发放"小小需求爱心卡"等方式，全面深入地了解班级中幼儿的个体差异和家长的需求。

4. 发现家长的优点，邀请他们参与班级管理

"爱挑剔"的家长往往都是很有想法的人，他们一般比较独立自主，思维敏捷，做事情有很强的计划性和行动性。他们之所以经常提出建议，

是为了让幼儿园和教师改进工作，让孩子在幼儿园能够健康快乐地成长。因此，建议教师将这样的家长发展为班级家长委员会（以下简称家委会）成员，让其担任一定的职务，承担一定的任务，让其参与到为孩子和其他家长服务的队伍中来。比如，上述案例中的跳跳妈妈是一个性格直爽、做事麻利，对孩子的身体和生活比较关注的家长。陈老师可以邀请她加入家委会，让其担任生活部长的职务，平时可以协助教师一起讨论幼儿床铺的安排、生活环节的安排、点心饭菜质量的评价等工作。这样一来，既拉近了她与教师的距离，又让她在参与家委会工作的过程中进一步了解了教师的教育观念和方法，逐渐学会换位思考，最终达成家园共育的一致。

针对案例中跳跳妈妈提出的"不要让孩子自己拿饼干，可以让保育老师给孩子统一分"的建议，如果你是陈老师，你会怎么做？

（浙江省宁波市海曙区教育局教研室　胡剑红）

难题 8 如何与具有暴力倾向的家长沟通

引言

教师在日常工作中接触到的家长大多是温文尔雅、明晓事理的,但也不排除偶尔会遇到极个别具有暴力倾向的家长。这类家长性格暴躁,易动怒,遇到事情喜欢诉诸于武力解决。那么,面对这类家长,教师在与其沟通时应该注意些什么呢?具有暴力倾向的家长对孩子的教育成长会带来哪些负面影响?教师又该如何引导呢?这些都需要我们去思考。

案例

噼里啪啦一阵响声后,传来了大(一)班燕子老师愤怒的喊声:"你站到门口去!"接着,又传来"咣当"一声,就听燕子老师说:"你连老师都要打吗?"隔壁班的教师听到动静后立即奔过去一探究竟,只见大(一)班教室里一片狼藉,桌椅倒了,书籍资料也扔得满地都是。燕子老师气得满脸通红,而超超小朋友却一副任性执拗的表情与老师对峙着,教室里的其他小朋友满脸惊恐地看着他们。原来因为超超上课又捣乱了,燕子老师没控制住脾气,与他发生了冲突。

超超是全园有名的"问题儿童",调皮任性,不但经常扰乱课堂秩序,还经常与小朋友发生矛盾。最让人头疼的是,他对教师有种"不服不怕"的精神,软硬不吃,屡屡激怒教师。班主任燕子老师为超超操碎了心,既想教育好他,又担心他的行为导致正处于是非观念萌芽期的其他大班幼儿效仿。

燕子老师也找超超的爸爸谈过,不想超超爸爸是个脾气暴躁的人,每每没说几句,他就会动手打超超。或者当面对教师言听计从,可一转身,就对孩子拳脚相向。超超被爸爸"教育"后会消停几天,之后就又故态复萌了。久而久之,燕子老师也就不找超超爸爸沟通了。

后来,超超因影响班级常规被幼儿园劝退了。

分析

案例中超超爸爸的暴力倾向从何而来,是如何形成的,我们无从知晓,但我们可以明显地看到超超的行为很大程度上是受了爸爸的影响。若不加以辅导、干预,他长大后很有可能会变得具有暴力倾向,甚至会做出一些危害社会的行为。

在经常被打骂的环境中成长起来的孩子,他们的心理也会受到严重的创伤。有研究表明,家暴影响下的儿童,其心理特征表现为:自尊心低,以破坏性行为来得到他人的注意力,攻击性强、易怒、易冲动,被动、退缩,控制欲强,社交技巧不良,情绪焦虑、沮丧,等等。超超表现出来的焦躁、易怒有时又自卑、压抑的性格特征无一不符合上述情况。可见,有暴力倾向的父母对孩子造成的心理影响是多么的深刻!

上述案例中,超超最终被劝退了,这是最好的结局吗?显然不是。劝退是否是对孩子的二次伤害?他会不会想全世界都不喜欢自己,都遗弃自己?到了新的环境,如果没有遇到能了解和包容他的教师和小朋友,他的攻击性行为是否会变本加厉呢?综观案例,在对待超超的问题上,幼儿园和教师的做法有很多不妥之处。

1. 没有对超超给予心理层面的辅导

面对超超这类有特殊家庭背景的幼儿,教师在教育时应该做到因人

而异，不能用常规的说教或冷处理办法，而应更深入地了解超超背后的故事，多听听他内心的想法，用积极温和的态度对待孩子，给予孩子正能量。上述案例中，燕子老师过于心急，她狠狠立规矩却也只是治标不治本，没有真正走进孩子的内心。

2. 与超超家长沟通欠考虑

针对超超在幼儿园的各种表现，特别是让教师头疼的那些糟心事儿，燕子老师多次与超超爸爸沟通。但是燕子老师在一次次反馈后非但没有看到孩子的进步，反而到后期令超超爸爸也疲于应付，他不但对超超拳打脚踢，对教师的态度也敷衍了之。这样的反馈不仅无益于孩子的成长，更没有改善其家庭的亲子关系。在了解了超超爸爸的性格之后，如果燕子老师进行过思考，比如要不要反馈？反馈哪些内容？用什么样的方法反馈？是否只能反馈给超超爸爸，超超妈妈或其他家庭成员可以吗……，然后调整策略，那么结果可能与案例中的情况截然相反。

针对以上分析，面对具有暴力倾向或者性格暴躁的家长，教师在与其沟通孩子的情况时应考虑以下几点。

1. 认真分析幼儿行为背后的原因，加强心理干预

教育和治病一样，要究其根本，因为幼儿的每种行为背后皆有原因。当得知幼儿身处暴力倾向的家庭之后，在知道其父母也许不能给予其科学的教养方式后，教师应更加关心爱护他，呵护他幼小的心灵。在日常生活中，应多和他交流，听听他怎么说，听听他说在家的故事，以便了解孩子的成长环境。教师要多鼓励、表扬他，营造友爱互助的班级氛围，

慢慢温暖孩子的内心，给予他积极乐观的心态。如果孩子的攻击性行为比较严重，必要时，在征求了家长的意见后，可寻求心理专家的帮助。

2. 与此类家长沟通时注重情绪疏导

家长脾气暴躁，动手打骂孩子，有可能是因为"恨铁不成钢"的心理驱使，导致他们怒火中烧控制不住自己；也可能是出于爱面子的心理，把气撒在了孩子身上。所以教师在向这类家长反映孩子的情况时，首先要明确不是要告孩子的状，而是客观反映孩子最近的表现。其次，还要注意以下几点。

- 尽量避免当着孩子的面进行反馈，应态度平和冷静地单独和家长交流最近一段时间孩子的行为举止。
- 尽量使用委婉的语言，先扬后抑，以表扬为主，建议为辅。
- 如果家长当面打骂孩子，一定要先保护孩子，让家长稳定情绪。切记不能火上浇油，在旁边说风凉话，这样会失去孩子对教师的信赖感，甚至会让孩子对教师产生怨恨心理。
- 对家长进行适当的心理辅导，使其认识到自己的暴力倾向会对孩子造成的伤害，并逐步帮助他形成健康科学的教养方式。

3. 调整沟通方式，发展多元沟通渠道

首先，若孩子家庭中的某位家长存在暴力倾向，教师可尝试找到孩子家庭中最适合探讨孩子教养问题的另一位家长或者核心家长进行交流，并尝试让其起到改善家庭氛围的作用。其次，教师应注重交流方式的多样性和艺术性。有些事情，教师可以通过短信或电话告知家长，以避免家长小题大做，当面对孩子发火。教师也可以利用网络、视频等方式将孩子表现进步、快乐游戏的画面传给家长看，让家长感受到孩子的进步、快乐，同时也能让他们的心变得柔软。教师还可以让孩子录一段话传给家长，让家长听听孩子的心声。总之，教师在做家长工作时，需要寻找有效的交流方式，使用对话的艺术。

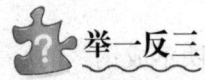举一反三

如果幼儿正在遭受严重的家庭暴力，作为教师，你又该如何处理呢？

(浙江省宁波市海曙区竹福园幼儿园　胡莹)

难题9　如何与插班生的家长沟通

引言

每到春季，或者在小中班升入中大班的时候，因为家长工作调动等原因，每个班级都会迎来几名插班生。插班生加入新集体，会让班级出现小小的波澜。而插班生家长因为对孩子新加入的这个集体不熟悉，心理上缺乏安全感，对各种事情会特别敏感。教师如果不与他们进行及时的沟通交流，坦诚相待，消除隔阂，会对班级工作产生不利影响。

案例

阳阳是开学后插入到张老师班里的。开学不久后的某天离园时，阳阳妈妈来接孩子，一见着阳阳先摸了一下她的后背，然后有点不高兴地说："怎么出了这么多汗，下次出汗了就不要穿外套了。"阳阳身体胖，爱出汗，白天张老师都会让她脱掉外套，今天则因为担心放学回家路上风大，所以才刚刚让阳阳穿上。因为离园时间人来人往，张老师没有时间向阳阳妈妈多做解释，只简单说了一句："刚刚才给阳阳穿上的。"

过了两天，张老师吃好午饭，打开班级QQ群，就见阳阳妈妈发来消息问："张老师，阳阳今天在幼儿园里吃饭怎么样？"张老师觉得阳阳平时吃饭还可以，就是速度有点慢，于是就这样回复了。阳阳妈妈接着追问："她不爱吃鱿鱼，说咬不动，今天都吃完了吗？"其实今天孩子吃饭吃到后面，就由下午班的教师来接班了，张老师并没有关注到阳阳是否把鱿鱼吃完了，也没有和配班教师交流，所以回答阳阳妈妈时含糊其辞。

之后，连着好几天，阳阳妈妈上午都会送冰糖梨水来给阳阳喝；中午又会送健胃消食药来,说阳阳胃口不太好。她离开的时候还一步三回头,恋恋不舍。

又过了几天,阳阳妈妈给张老师发信息说,最近阳阳不爱上幼儿园,说小朋友都不和她玩。张老师认为插班生适应一个新集体需要一个过程,就没和阳阳妈妈深谈,只给她留言说:"到了一个新的集体,可能还没有适应,慢慢会好的。"

这一天,阳阳来园时,孩子们已经在户外锻炼了。张老师热情地迎接阳阳,让她加入到小朋友的活动中,可阳阳却呆立在一旁,只是看着小伙伴们玩。张老师让她选择一种玩具玩,阳阳就独自坐在"月亮船"上摇晃。阳阳妈妈在旁边看着,满脸不放心,久久不肯离去。玩了一会儿,大家都去喝水了,阳阳妈妈对阳阳说:"你也去喝水吧,妈妈给你看着这个。"圆圆过来想坐在"月亮船"上,阳阳妈妈马上阻止了:"这个是我们阳阳在玩的,你不要来抢哦!"张老师想让阳阳尽快地融入新集体,可阳阳妈妈的做法让张老师很是苦恼。

 分析

1. 从家长的角度来分析

当自己的孩子进入一个新的班级,面对新的教师和同伴时,家长有以下两方面的担心。

(1)教师是否喜欢孩子,关注孩子。由于孩子刚进入一个陌生的集体,家长对教师还没有建立信任感,担心自己的孩子在幼儿园得不到公正的对待,所以对细节特别敏感。他们会通过观察或询问一些细节问题,来看看教师对自己的孩子是否足够关注。比如,孩子的进餐问题,孩子有

没有及时穿脱衣服，等等。如果教师的细节工作做得不到位，也没有及时告知家长或做出详细解释，就会让家长留下教师照顾孩子不周、不负责任的印象，直接影响家园沟通的效果。

（2）孩子能否与同伴友好相处。家长们既想让自己的孩子能尽快融入新集体，和同伴一起玩耍，又担心自己的孩子被同伴欺负。同时，现在大部分年轻的家长自己亦是独生子女，以自我为中心，所以在教育孩子时会自相矛盾。比如，他们会替孩子保管玩具，把要来玩的幼儿拒之门外等，这些都在一定程度上影响了幼儿间的友好相处。

2. 从教师的角度来分析

关于家园间的沟通障碍，家长身上存在一定的原因，但是教师更应该从自己身上找到问题的根源。很多时候，家长的行为表现是因为教师的工作做得不到位而引起的。从上述案例中张老师的身上我们不难发现，她确实存有不当之处。

（1）对插班生的情况了解得不够，日常观察得不够细致。从上述案例中阳阳咬不动鱿鱼可以看出，教师对于孩子的饮食情况了解得不够。同时在幼儿进餐的过程中，教师的观察也不够细致全面。此外，离园时阳阳背上有汗，教师没有擦一擦就给她穿上了外套，说明张老师的保育工作做得不到位。

（2）未能及时传达幼儿园的教育理念。幼儿园是大集体，孩子们在一起学习生活、学习分享、学习交往，而不是单纯地学知识、学本领。这些理念是需要教师向家长进行介绍和说明的。但是从上述案例中阳阳妈妈"替阳阳看着玩具""拒绝来做游戏的小朋友"等细节可以看出，阳阳妈妈不太了解幼儿交往、合作的重要性，张老师也没能将这些教育理念传达给家长。

（3）未能及时回应家长的意见。教师能否对家长反映的问题做出及时准确地回复，是决定家园和谐沟通的关键之一。上述案例中，阳阳妈妈多次就孩子的生活问题向张老师进行"试探"，而张老师只是简单、笼统地应付一下，没有准确地接住阳阳妈妈抛过来的"球"进行深入的沟通，导致信任危机产生。如果危机不能及时得到化解，将导致家园关系紧张。

针对以上分析，在与插班生家长沟通时，教师应该做到以下几点。

1. 抓住关键时机，赢得家长的信任

作为教师，首先要理解插班生家长的心态——希望教师能接纳孩子、关注孩子，让孩子融入集体。所以在插班生入园前，教师进行一次家访显得尤为重要。家访时，教师一方面可以和孩子彼此熟悉，建立初步的感情，告诉孩子班级里、幼儿园里好玩的事，让他对上幼儿园充满期待；另一方面，可以向家长详细了解孩子的情况，包括饮食习惯、睡眠、兴趣爱好等，让家长了解教师的细心和对孩子的关心。同时，简单向家长介绍班级的情况，让家长了解班级，帮助家长和孩子尽快融入新集体。

插班生入园后的第一个月，是家长最为关注的一个月。教师可以好好利用这段时间，让家长看见自己对孩子的爱，消除他们的不安和焦虑情绪。比如，来园时候热情地拥抱孩子，让家长感到教师很喜欢自己的孩子；将孩子一日生活的点点滴滴，如进餐、和小朋友做游戏、午睡等，通过视频、照片的形式发给家长，等等。刚入园的头几天，是家长最不放心的时候。教师可以每天给家长发几条温馨的短信，如"孩子在幼儿园表现得很好，情绪很愉快，请您放心"等，给家长吃几颗"定心丸"，同时也增加他们对教师的信任感。

2. 坦诚面对问题，反思自身的不足

作为教师，当插班生家长提出意见时，应该理解他们的心情，真正站在家长和孩子的角度来反思自己的做法是否合适。比如，上述案例中，阳阳妈妈提出出汗后不要给孩子穿外套的建议是合理的，此时教师需要反思的是：刚才在给孩子穿外套时，怎么没有摸一摸孩子的背？如果能在阳阳妈妈来接之前发现阳阳背上出汗，给她垫块吸汗巾，或者先不穿外套，等家长来了，面对面交流一下，就会让阳阳妈妈感受到教师对孩子的细致关注和体贴照顾，从而增进对教师的信任和尊重。

当阳阳妈妈问及孩子吃饭的情况时，教师需要反思的是：在孩子们进餐的时候，自己的观察是否到位？是否细致地了解每一个孩子的进餐情况？如果因为中午换班原因没有观察到最后，当家长在QQ上询问时，自己其实有足够的时间先和配班教师进行一个简单的沟通了解，然后再转达给家长，而不是轻描淡写地一笔带过。

3. 共同分析问题，真诚地与家长沟通

插班生和同伴的相处也是家园沟通的重要问题。教师应主动和插班生家长就幼儿同伴相处的情况进行交流。上述案例中阳阳妈妈提出最近阳阳不爱上幼儿园后，教师应该及时地与阳阳妈妈进行沟通，多倾听她的想法，共同帮助阳阳更快地融入新集体。

然而，有些家长的思想和行动不一致，他们一方面希望自己的孩子能够尽快融入班集体，另一方面却在干扰孩子和同伴交往。比如，上述案例中，阳阳妈妈提出"小朋友不和阳阳玩"，希望小朋友接纳阳阳，但是在户外活动中她干涉阳阳与同伴共同游戏，言行不一致。为此，教师应该采取多种途径改变家长的观念。比如，邀请阳阳妈妈参加家长学校，

让她了解同伴分享、合作游戏对幼儿发展的重要性，懂得同伴之间即使有争吵，在争辩的过程中，也能促进幼儿语言和社会性的发展。在幼儿园，教师可以针对阳阳的强项，请她当小助手或管理员，增加她与同伴交往的机会，增强她的自信心，并把这些帮助阳阳融入新集体的措施让家长知道，请家长协助，回家后让孩子说说班级里和同伴相处的有趣事情，提升孩子的集体归属感。

4. 让家长融入班集体，形成班级归属感

插班生家长往往担心孩子的适应问题，而对于自己是否能够融入到这个集体中，他们往往忽视掉。如果家长能融入班集体，形成归属感，就能帮助孩子更快地适应新班级。

为了更好地让插班生家长融入班集体，在班级家长会上，教师可以向全体家长介绍插班生家长，让大家互相有初步的了解。然后鼓励同一个小区的家长互相多走动，增进彼此的了解，也增加孩子之间的交往。在每学期的家委会活动中，教师要主动邀请插班生家长参加，这样能够帮助插班生家长和孩子尽快融入新集体，产生归属感。

如果插班生家长能力强，还可以把他们吸收到班级家委会中来，让他们成为家委会的一员，承担一定的任务，让其参与到为孩子和其他家长服务的队伍中来，这样家长的归属感会更加强烈。

与插班生家长的沟通，一定要让他们感受到教师对孩子的爱和关注，同时尽快帮助孩子和家长形成班级归属感。

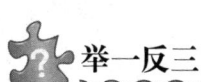 举一反三

如果你遇到案例中的阳阳妈妈这样的插班生家长,你会如何与她打交道呢?

(浙江省宁波市大榭开发区中心幼儿园 徐旭芬)

难题10　与祖辈家长交流时应注意什么

引言

现如今，由于很多年轻的父母忙于工作，把照顾、接送孩子的重任交给了爷爷奶奶、外公外婆。这种祖辈家长隔代教养的方式有它的优点。比如，老人有爱心、耐心，教养经验丰富等；同时，也有它的弊端。比如，老人对孙辈更加宠爱，导致孩子养成一些不良的习惯；老人思想固执保守，不愿意接受新的教育理念等。面对祖辈家长，教师应通过各种方式争取他们的理解与配合，以便实现快速而有效的家园共育。

案例

案例1

语语进入幼儿园已经一个月了，可是她还是不愿意参加活动，不愿意与同伴一起做游戏。教师想和语语的奶奶谈一谈，为什么语语的性格会这么孤僻。可是刚开始交流，奶奶就拉下脸说："不可能的，我们语语在家里很喜欢和隔壁的小朋友玩。老师，你不要老讲我孙女的缺点，不然她又要不来幼儿园了。"

这天班级里举行了讲故事比赛，放学回家时得奖的小朋友高兴地拿着小奖状向自己的家长诉说着。来接语语回家的奶奶见状，立马黑着脸质问教师："老师，他们拿的是什么呀？""是他们在今天的讲故事比赛中得的奖状。"教师解释道。"为什么我们语语没有？"奶奶接着质问。"这次我们邀请大班组的老师作为评委，根据分数的高低选出六名小朋友……""谁知道你们是怎么评的，你们是看脸评的。"还没等教师解释完，语语奶奶就带着孩子气冲冲离去。

案例 2

早上入园时间，爷爷奶奶、外公外婆把孩子交到教师手里后，会对教师千叮咛万嘱咐："老师，天气热了别忘了帮孩子把衣服脱了，冷了要马上给孩子穿上。""老师，要给我家孩子多喝水。""老师，我家孩子不会提裤子，等会儿上完厕所后麻烦你帮着提一下。""老师，我家小孩不会穿有鞋带的鞋子，麻烦你在孩子睡觉起床后帮他系鞋带。""老师，别忘了提醒我家孩子小便。"……特别是住在幼儿园附近的祖辈家长，没事时还会在幼儿园的围墙外观看孩子的户外活动，边看边喊："宝贝，你热不热啊，可以把外套脱了。""宝贝，拿那架梯子干吗，别把手弄疼了。"……教师屡次制止，也无济于事。

案例 3

豪豪从小由爷爷奶奶照顾。每天送孙子来园时，奶奶都不忘向教师夸奖孙子："这孩子真聪明，懂得启动电脑，还懂得退出程序。前天才教的儿歌，昨天他就能完整地背下来。"在奶奶的眼中，孙子是没有缺点的。再看看豪豪在幼儿园的表现：已是小班小朋友了，他大小便时还不会脱裤子；吃饭时不会拿勺子，不会咀嚼食物；睡醒就坐在床上，不知道找衣服穿。教师指导他自己的事情自己做，他就扯着嗓门大叫："我不会！"因为缺少锻炼，豪豪的动作发展也很不协调。此外，他的社会性发展也明显滞后，缺乏沟通能力与合作意识。一旦被教师批评，第二天他就不愿向教师问好了。入园已经一个多月了，他始终坐在自己的座位上不肯参加任何活动。

 **分析**

老人对孙辈的疼爱是毋庸置疑的,所谓"含饴弄孙"便是对老人照顾孙辈这美好景象的写照。祖辈们对孙辈们的特殊情感,使他们的关心过剩,能帮孩子做的绝不愿让孩子自己动手,把孩子照顾得无微不至。出于溺爱的心理,在他们的眼中,自己的孩子永远是最棒的,错也是对的。而且,大部分的祖辈家长与社会的联系减少,知识面相对狭窄,不容易接受新鲜事物,沿用老观念来教养孩子。他们认为孩子还小,叠被子、擦屁股这些事情还是应该由成人来做。另外,他们把幼儿园教师定位为"阿姨",觉得幼儿园教师就是管孩子的吃喝拉撒睡的。

当然,还有一部分祖辈家长不但要对孩子负责,还要对孩子的父母负责,会有"带不好孙子不好交代"的压力。因此,他们在教养孙辈的过程中,会有更多的束缚,认为帮孩子做了就能减少孩子受伤的可能性,更为安全,所以往往出现对孩子包办代替、过度呵护的行为。

上述案例既反映了祖辈家长在照顾孩子方面存在的问题,也反映了教师的沟通不当之处。

(1)**对祖辈家长的心理了解得不够**。祖辈家长有其特殊的生活经历,因而他们对孩子的关注点会和教师的有所不同。祖辈家长更多地关注孩子的身体状况、饮食、睡眠等生活细节,而教师则关注孩子在集体中的行为表现。如果教师在与祖辈家长沟通中缺少换位思考的话,往往就会造成彼此的误解、对立等局面产生。

(2)**不愿与祖辈家长交流**。许多教师在和祖辈家长交流时带有一定的偏见,认为年纪大的祖辈家长普遍地溺爱孙辈,观念落后,往往只懂得照顾孙辈的生活起居,对教育的事情一点都不懂,因此往往不愿意过多地和祖辈家长就孩子的教育问题进行深入的交流。比如,上述案例1

中，关于孩子们在讲故事比赛中获奖的事情，教师就带有明显的不屑于与奶奶交流的态度。

（3）在与祖辈家长交流时说话过于直接，特别是在反映幼儿在园的情况时。比如，上述案例 1 中，教师直接问语语的奶奶，语语为何性格孤僻。教师这样直截了当的提问会让溺爱孙女的奶奶挂不住面子，进而失去与奶奶进一步交流的机会。另外，祖辈家长毕竟是长辈，如果在与祖辈家长的沟通中，教师还是以与幼儿的父母沟通的方式说话，往往也会导致沟通不畅。

针对上述分析，在与祖辈家长交流时，教师需要做到以下几点。

1. 理解祖辈家长，学会委婉表达

教师首先要充分地理解祖辈家长的心理。由于老人的特点和对孩子的偏爱，他们往往会滔滔不绝地谈论孩子，这时候教师要热情地接待老人，做一个耐心的听众。教师要在认真倾听中掌握孩子的特点，同时根据老人的描述，对其正确的做法予以表扬，并委婉地指出其欠妥的做法。祖辈家长都喜欢被尊重，因此在日常交流过程中，教师要有意识地注意自己的表达方式，委婉地阐述幼儿的情况，不要过于直白地向祖辈家长"告状"，更不要过于频繁地向祖辈家长"告状"。针对上述案例 1 中语语的奶奶不愿意谈论语语的缺点这件事，教师要充分地理解奶奶的心情，在平常的交流中多提孩子的优点，多夸奖孩子。如此这般之后，当教师需要向祖辈家长反映孩子缺点的时候才不会显得那么突然，才能让祖辈家长以平常的心态接受和面对问题。

2. 发挥祖辈教育的正能量

虽然祖辈家长们与教师有较多的沟通交流机会，但他们往往只关注自己的孩子，很少了解班级的整体情况。因此，教师平时需要多关注祖辈家长的爱好，既要尊重他们，也要让他们成为服务班级的一支力量。比如，可以专门成立由爷爷奶奶、外公外婆组成的"祖辈委员会"，邀请他们参与到班级的管理工作中。教师可以邀请他们每周不定期地针对幼儿的床铺用品、抽屉整理以及早操情况进行突击检查，并给予评价。教师要将情况及时反馈给每位家长，让家长们更多地了解幼儿的情况。教师还可以让他们来园做家长助教，教孩子们学习宁波话童谣、他们那个年代的经典歌曲、宁波特色小吃的烹饪方法等。祖辈家长多一次与在园幼儿的接触，就多一份对幼儿园教育理念的了解，也更能体验到自己童年的那份快乐，体验到教师平时工作的不易。

3. 变被动为主动，及时反馈幼儿的表现

对于上述案例2中"爱唠叨"的祖辈家长，教师首先要不怕麻烦，要变被动的"被问"为主动的"反馈"。教师可以利用每天的离园时间，把孩子在园的饮食起居等情况向他们做一个细致的汇报。比如，孩子在园是否大便，有没有不舒服，吃饭情况如何，喝了几次水等等。这样，祖辈家长就会觉得教师对孩子非常关注，教师的工作做得很细致，甚至超过了他们自己的设想。长此以往，他们的唠叨就会逐渐减少了。

4. 多渠道宣传现代教育理念

教师可以通过家长园地、家园小报、幼儿健康成长讲座、图书、杂志等宣传科学的育儿方法，让祖辈家长了解溺爱孩子的害处。教师还可

以定期举行家长开放日活动，通过活动中孩子间表现的对比，让祖辈家长真实感受自家孩子的不足之处，然后适时提出家园配合的要求。针对同龄人比较有共同语言的特点，教师可以加强祖辈家长之间的横向联系，在班级专门开设一个"谈心室"，提供机会让祖辈家长们互相介绍自己教育孙辈的方法，并请开明的祖辈家长现身说法；或者鼓励他们把共同的困惑写在"家园联系栏"里，一起讨论，从而调动祖辈家长理解、配合幼儿园教育的积极性，形成良好风气。

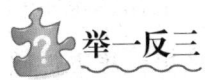举一反三

针对案例 3 中豪豪的情况，你会怎样与豪豪的奶奶交流呢？

（浙江省宁波市海曙区江厦幼儿园　董维娜；
浙江省宁波市鄞州区钟公庙金家漕幼儿园　应燕娜）

难题 11　孩子生病时，怎样做才能让家长更放心

引言

上幼儿园后，由于环境的改变或自身体质的原因，孩子生病是不可避免的。当孩子生病后，很多家长往往会指责教师没有照顾好孩子。面对家长的各种指责，教师疲与应付，既影响了日常的教学工作，也不利于班级工作的开展。所以在此类事情发生之前，教师应该想一想怎样做好预防工作，减少幼儿生病的机会；一旦幼儿生病了，应该怎样做，才能减少家长对自己的抱怨。

案例

这天还没到中午，佳佳妈妈就接到幼儿园老师的电话，说佳佳有点发烧，让她把佳佳接回家看病。这已经是这个月佳佳第三次生病了。几天后，佳佳才渐渐好转。看着女儿蜡黄的脸，佳佳妈妈心疼极了。

待佳佳痊愈后，佳佳妈妈送她上幼儿园时，问教师："是不是所有的孩子都像佳佳这样在入园的时候经常生病？"

出乎佳佳妈妈的意料，教师点点头说："绝大多数孩子都是这样的。"

佳佳妈妈问："为什么呢？"

教师说："原因很多，首先是孩子刚入园时容易产生分离焦虑，而心情不好就容易得病。其次，在适应幼儿园的过程中，孩子吃饭和睡觉可能会受到影响，进而导致抵抗力下降，也容易生病。最后，一个班级里孩子众多，所以班级环境不像家里环境那么单一，孩子之间容易发生交叉感染。"

虽然教师向佳佳妈妈做出了详细的解释，但是佳佳妈妈还是认为教师对自己的孩子照顾不周，否则为什么孩子老是生病呢。

为什么有的孩子入园后，经常生病呢？

1. 初入园的孩子体质弱，容易交叉感染生病

幼儿园是个集体环境，相对于家庭里的单一环境来讲，孩子交叉感染生病的机会高出很多。再加上孩子刚上幼儿园，会出现不同程度的分离焦虑。孩子情绪不好，食欲也会下降，随之而来的抵抗力也会下降，因此孩子容易生病。尤其是被家人过度溺爱、事事包办的孩子和那些很少出门的孩子更是如此。此外，季节交替的时候，孩子也容易因适应不良而生病。

2. 教师的护理和照顾有时做不到家长那样全面而细致

幼儿园每个班级通常有两位教师和一位保育员，虽然他们拥有丰富的教育与生活护理经验，也竭尽所能照顾到每一个小朋友；但是面对全班几十个孩子，教师们精力有限，不能像家长在家里那样把他们照顾得面面俱到。一旦有所疏忽，那些体质弱的孩子就有可能生病。

当孩子生病后，出于对孩子的心疼和担心，即使家长理智上能理解教师，但是情绪上也难免对教师有些不满和抱怨。

针对以上分析，教师应该怎么做呢？

1. 在新生家访时全面了解孩子的健康状况

孩子在入园前都需要接受健康体检,家长也需要填写孩子的病史。但是有些家长因为担心向幼儿园公开孩子的病史,孩子可能因受到特殊照顾而感到孤立,或者被幼儿园拒之门外,所以故意隐瞒像多动症、惊厥、哮喘等特殊疾病;再加上检查项目的限制,使得幼儿园不能得到关于孩子健康的准确而完整的信息。这样一旦孩子出现紧急情况,校医和教师就会很被动,孩子的健康就会受到威胁。所以在对新生进行家访时,教师要向家长全面了解孩子的的健康状况与以往疾病史等,让家长相信每个孩子在幼儿园都会受到平等的对待,消除家长的担心和顾虑。

2. 做好有关孩子生病的家长宣传工作

教师在新生家长会上要向家长详细地介绍教师的一日工作流程与措施,让家长初步了解教师会认真负责地照顾好每一个孩子。但是班级毕竟是一个集体,再加上环境的变化,以及孩子的体质与适应能力不同,幼儿在初入园时生病机会会相应增加。因此,教师还应向家长介绍一些比较常见的疾病的预防和护理知识。如果孩子在入园后有此类疾病发生,请家长配合幼儿园做好孩子的隔离和护理工作,在保护好自己孩子的同时也保护好其他孩子。

3. 在带班的过程中尽可能关注到每一个孩子

在带班过程中,教师要经常摸摸孩子的额头、后背、手心,看看是否出汗,要不要脱衣服;如厕后,要看看孩子的裤子是否系好,小肚子有没有露出来;进餐时,看看他们是否吃完饭菜;睡觉时,看看他们有没有盖好被子等。当孩子表现出与以往不同的状况时,如突然不爱玩、吃饭没胃口、活动中想睡觉等，教师要予以特别的关注，判断孩子是否身体不适，同时可以让校医进行初步的诊断，根据情况及时联系家长，告知孩子的状况，提出适当的建议。

4. 孩子生病后，及时和家长联系了解病情、进行慰问

孩子生病被家长接回家后，教师应及时打电话了解孩子的病情，安慰家长。孩子在家休息期间，教师也应时不时打个电话进行慰问，告诉生病的孩子老师和班里的小朋友都很想他，希望他早点康复，回到老师和小朋友身边。有时，教师需要在打电话之前先了解一下幼儿所得病的相关知识以及如何治疗等，这样在和家长打电话进行慰问的时候更有针对性，更能让家长感觉到教师对孩子的爱。

5. 帮助孩子养成良好的卫生习惯

洗手是消灭细菌、留住健康的最简单的方式。在幼儿园里，教师会教给孩子饭前便后用肥皂正确洗手的方法。回到家后，也请家长配合教师，让孩子继续保持这个好习惯。

6. 提醒家长周末和假期保持与平时一样的生活作息习惯

每次周一或长假结束后来园的第一天，生病吃药的孩子总是特别多。这是因为平时孩子的生活很有规律，可是一到周末或者假期，这些规律就会被打破，这样孩子就很容易生病。因此在双休日及长假中教师应该给家长一些温馨的提示，提醒家长遵守孩子日常的作息习惯，让孩子愉快而健康地度过假期。

7. 如果孩子生病是由入园焦虑引起的，提醒家长合理应对

有些孩子生病是由于风寒、病毒感染或不洁食物引起的，还有一些则是因为入园焦虑引起的。如果是后一种情况，建议家长除了带孩子进行必要的医学检查和治疗外，还要用淡定的态度面对孩子，通过情绪、语言、肢体动作等让孩子感到"这不是什么大不了的事情，很快就会好的"。还要提醒家长，尽可能坚持送孩子上幼儿园。否则，孩子会不断地得到这样一种心理暗示，即只要不想去幼儿园，生病就行。

8. 开展寓教于乐的健康教育活动，让孩子学会保护自己

3—6岁幼儿的自我保护意识和能力较弱，因此即使成人反复交代了，他们还是不能很好地照顾自己。因此，教师应该安排一些游戏活动，引导幼儿学习根据自身的情况判断什么时候可以穿脱衣服、喝水，以及在户外活动中如何保护自己不受伤等，提高他们的自我保护意识和能力。

举一反三

面对佳佳妈妈不理解的情况，如果你是教师，你会怎么做？

（浙江省宁波市第二幼儿园　张雪）

第一章 家园关系的建立 73

难题 12 当家长询问"孩子最近表现怎么样"时，怎样回应最适宜

 **引言**

孩子上幼儿园后，家长们都非常渴望了解孩子在幼儿园的情况。当家长带着极其真诚的态度和渴求的心理，询问教师"我家宝宝最近表现怎么样"时，教师应该怎样回应最适宜呢？教师的回应不但要让家长了解孩子在幼儿园生活、学习的真实情况，还要在交流中取得家长的认同、配合，然后家园共同努力，更好地帮助孩子成长。

 **案例**

这天的离园时间，小（二）班的涵涵妈妈来接涵涵。她一看到站在教室门口迎接家长的邱老师，就问："邱老师，我家涵涵最近表现怎么样？"邱老师笑眯眯地说："挺好的，挺好的。"涵涵妈妈听了之后，追问道："什么地方表现好呢？"结果邱老师支支吾吾了半天，也没回答上来。这时候，保育员陈老师走过来说："涵涵妈妈，今天涵涵中午不愿意睡觉，哄了她半天，她就是不听，这孩子还真是倔强。"

涵涵妈妈一听，脸上一阵尴尬。她拉着涵涵，指责道："涵涵，你怎么这么不听话啊！"说完，也没和两位教师打招呼就急匆匆地走了。

分析

家长之所以爱询问教师孩子表现得怎么样，无非有以下三个目的。

首先,家长希望了解孩子在幼儿园的真实情况;其次,在与教师的交流中,感受教师对孩子的了解和喜欢程度;最后,发现孩子的不足,配合幼儿园对孩子进行教育。因此,教师首先要了解家长的心理,在此基础上才能给予家长最适宜的回应。但是,没有哪位家长愿意听到教师或者其他人对自己的孩子做出负面的评价。所以在向家长反映孩子的真实情况时,教师一定要注意自己的技巧。

那么,上述案例中面对家长的询问,教师是否给予了适宜、有效的回应呢?显然没有。

(1)**教师对孩子的关注度不够,专业能力不足。**上述案例中,邱老师作为一名新教师,在与家长交流时,明显存在着专业能力不足的问题。比如,当家长询问时,仅仅用"挺好的"做出回应,而没有结合具体的事例展开,没能满足家长的询问需求,反而让家长产生教师不太关注孩子的感觉。

(2)**保育员与家长交流时真诚有余,技巧不足。**上述案例中,保育员陈老师是一位热情但性子急的教师,她负责幼儿的午睡管理,所以对不肯入睡的涵涵关注度非常高。虽然陈老师告知了涵涵妈妈关于涵涵在幼儿园的具体情况,但是因为不注重方式方法,反而让涵涵妈妈感到非常尴尬和不舒服。同时因为当着涵涵的面,这种"告状"式的反馈会对涵涵的心理造成不好的影响。

(3)**班级教师配合度不高,步调不一致。**上述案例中,邱老师前脚说涵涵"挺好的",陈老师后脚就上来"告了一状"。班级两位教师的不同表述,既显示出了班组教师的配合度不高,也让家长对班级工作打上了一个问号。

**破解策略**

针对以上分析,在面对家长的询问时,教师应该采用以下策略。

1. 报喜讯要先行

当家长询问孩子在幼儿园的表现时,教师首先应该告诉家长孩子的优点和点滴进步,要不吝惜对孩子的赞美与期望,要表明自己对孩子的喜爱。然后,再耐心诚恳地指出孩子存在的问题,能提醒的就不要批评。有些家长会试探性地对教师说:"我们这孩子太笨了!""这孩子一点出息也没有。"此时教师要明白家长话语背后的真实意图,不要随声附和,而是多给予孩子赞美和表扬。毕竟没有哪位家长不希望自己的孩子成才的!

2. 讲事例要具体

家长询问孩子的表现时,不会满足于"好""不错"这些概括性的词汇,他们更想知道孩子在幼儿园的具体表现。因此,教师在回应家长时不能用这些概括性词语敷衍了之,而是可以用说故事的方式来讲讲最近孩子在幼儿园发生的趣事、好事等。相信在这个过程中,家长不但能感受到教师对自己孩子的关注,也能看到幼儿园教师拥有的一颗童心和爱心。

3. 说批评重方式

有时候,孩子在幼儿园的表现不尽理想,此时教师就需要考虑如何说才能让家长舒服地接受。如果教师当着孩子的面或者其他家长的面反馈孩子的不良表现,不管教师的语气是多么的温和,都有可能伤害家长的自尊心和感情。有的家长可能因此迁怒于孩子,造成双方情绪上的对立。因此,教师应单独找一个时间和空间和家长单独交流。同时,在交流时不要以教育专家自居，不要用命令式的口吻，应尽量采取请教、商量的态度，把找出问题的主动权让给家长，耐心地听取家长的意见，使家长产生伙伴般的亲切感，也向家长证明你是尊重他的人格的。比如，可以对家长说："您能和我谈谈孩子在家里的情况吗？""我女儿在这方面也真的不太好……""在教育孩子的问题上我还应向您学习呢，咱们共同探讨！"等等。

4. 提意见要可行

在回应家长的过程中，在指出孩子存在的问题时，教师要把注意力集中在孩子的具体行为和表现上，要就事论事，而不是对孩子的人格进行指责和贬损，要描述孩子"做了什么"，而不是"他是一个什么样的孩子"。教师反馈的目的是希望孩子获得进步和提高，因此重点应放在如何改进上，要多分析孩子行为背后的原因，提出具体的改进方法。

5. 三人行要齐力

所谓"三人行要齐力"，是指一个班级的三位教师要齐心协力、步调一致，这样班级工作才能发挥极积极的效果。幼儿园的班主任一般是工作一天带班半天，所以只能看到孩子的一部分表现，这就要求在中午交接班时，三位教师要多多交流孩子在幼儿园的情况，尤其是要注意孩子在幼儿园的一些特殊表现，以便在家长询问时能回答一致。

家园沟通工作在幼儿园工作中非常重要，需要教师们有一颗善解人意、体贴入微、智慧巧妙的心。面对家长提出的"孩子表现怎么样"的细小问题，教师一定要给予十足的重视。唯有关注细节，才能真正发挥家园共育的力量，促进孩子的发展。

举一反三

如果在交流过程中,你向家长反馈孩子表现不尽如人意的地方,家长却不认同,你会怎么办?

(浙江省宁波市鄞州区首南泰安幼儿园 周寒)

难题 13　如何利用微信、微博等与家长沟通

引言

随着各种网络技术的快速发展，微信、微博开始走进越来越多人的生活，幼儿教师和家长之间的沟通也因此变得更加的方便、频繁。然而，在实际工作中我们发现，利用微信、微博等现代网络手段沟通也存在一定的弊端。比如，部分家长会对网络媒体信息或者教师发布的信息断章取义，对教师产生误解，甚至引发家园矛盾。可见，幼儿教师如何发挥好微信、微博等网络媒介与家长沟通成为一项重要的课题。幼儿教师只有学会科学、合理地利用网络媒介，才能真正发挥现代化技术带来的便利。

案例

案例 1

某段时间，在微信朋友圈流传着这样几张照片：四个幼儿园的小朋友正聚精会神地打着麻将，他们摸牌、出牌，玩得有模有样。很多家长看到后认为，教师在幼儿园投放麻将会误导孩子进行赌博，不利于孩子的身心发展。经记者采访，上传照片的教师解释说，活动并非幼儿园教师组织的，而是幼儿自行安排。教师只是单纯地记录孩子的活动情景，并无他意。在幼儿教师的眼中，麻将只是作为一种幼儿操作的材料，被投放在建构区、益智区等以促进幼儿的发展；是几名幼儿自己把他们看见的成人打麻将的情景搬到了幼儿园。

案例 2

某幼儿园为了提高教师的教育教学质量，引进了一套集体教学的课件，并为班级配备了电子白板。开学初，某个班级的家长向园长投诉，反映自己在班级教师发的微信里、班级QQ群里看到孩子们每天都在看电视，认为看电视不利于孩子的眼睛。园长马上向班级教师了解情况，并查看了相关的微信和QQ群上的照片。原来家长所谓的"看电视"就是教师借助于电子白板开展的集体教学活动。事后，园长向那位家长进行了详细的解释。

分析

1. 家长为什么会误会教师

上述案例中，家长们之所以会误会教师，有以下两方面原因。

（1）**同一种事物，看待的角度不同。** 上述案例1中，麻将在幼儿教师的眼里，是一种新型的、有趣的、可操作的低结构材料，幼儿可以用来拼搭，也可以初步感知上面的文字符号所表述的意义。相反，从家长的角度出发，孩子摆弄麻将则是一种变向的赌博，对孩子的身心发展极度不利。这就是因为看待同一事物的角度不同，导致的不同结果。

（2）**一部分家长对幼儿教师缺乏信任，缺少沟通。** 在一部分家长的眼中，幼儿教师就是"高级保姆"。甚至有个别家长认为，幼儿教师是任何人都可以胜任的，不需要所谓的专业的技巧、技能。正是因为这种原因，导致家长对教师缺乏信任和沟通。上述案例2中，教师为了优化教学和提高幼儿的学习兴趣而使用的电子白板，被家长误认为电视，进而被投诉给园长，就是家长对教师缺乏信任和沟通的表现。

2. 教师的行为有哪些缺失

上述案例中，教师的做法也存在一定的问题，主要有以下两个方面。

（1）上传各种信息、照片时，没有"瞻前顾后"。如果教师只是草率地将信息、图片上传到网络上，没有对措辞、内容等进行斟酌，也没有做出必要的解释、说明，那么家长只会从表层的意思去理解，不会深入思考教师为什么会这么做。上述案例1和案例2中，教师如果在上传照片的同时做出注解，正确地传达自己的观点，那么家长就不会对教师产生误解了。

（2）未能及时与家长沟通班级的情况。上述案例2中，教师如果事先通过家长会，或者在教室门口的"家长园地"中，将班级新配置的先进的教学资源进行说明，那么误会也就可能不会发生了。

破解策略

网络媒介让教师和家长之间实现了及时、便捷的沟通，同时也给教师和家长带来了困扰。这就要求教师更要科学、合理地运用网络媒介，扬长弊短。

1. 形成正面的群聊氛围，建立互信

家长平时工作繁忙，与教师直接面谈的机会很少，因此网络媒介成了两者之间沟通交流的主要渠道。教师可以建立微信群，邀请全班家长加入。在这个便利的交流平台上，教师可以科学、合理地发布各项重要通知，家长可以针对幼儿园和班级的各项工作提出各项建议，教师可以第一时间做出回答。经过一定时间的积累，两者之间可以形成一种良好的沟通氛围，相互建立信任感。

2. 以图文并茂的形式上传信息，力求全面

家长们都很关心孩子在幼儿园的生活，包括有没有哭泣，饭吃得饱不饱，有没有午睡，上课、游戏时表现怎样等等。针对这些问题，教师可以将孩子们活动的场景用照片记录下来，利用幼儿午睡时间或者不带班的时间上传到网络上，并配以简明、扼要的文字说明，让家长朋友了解自己的孩子在幼儿园的种种表现。教师也可将幼儿园平时开展的大型活动或班级活动等提前进行宣传，将信息发布到微信、微博中，让家长朋友可以时刻了解幼儿园的最新动态，增强家长参与幼儿园管理或班级管理的积极性。

3. 适宜适度地使用，体现有效

微信、微博等网络平台虽然操作起来非常快捷、便利，但其公开化的特点也值得教师深思熟虑。首先，幼儿教师在使用微信、微博时必须要冷静、客观地分析发送资料的准确性、科学性和适宜性。教师要具备对事物解读的敏感度，处处做个有心人，不该发的不能发，值得发的准确发、及时发。比如，针对上述案例1中这种带有一定争议性的图片资料，教师最好不要发。其次，要正确选择发送的平台。关于幼儿个人的信息资料、对幼儿个体的评价信息等，教师不能随意发送到微博、微信等公开化的平台上，以免被不良人士利用，危害孩子的安全。关于幼儿个体的资料，教师可以直接传送给孩子的父母。

4. 为家园互动开辟新途径，及时高效

比如，某教师利用微信中的群聊窗口，抛出了"幼儿阅读能力培养"的话题，然后邀请班级内语言发展好的幼儿的家长来介绍如何培养孩子的阅读能力,其他家长纷纷根据自己孩子的情况参与讨论,各抒己见。这种彼此互通育儿心得的沟通形式,拓展了教师对"传道、授业、解惑"的天职的理解。又如,对于生病缺席的孩子,教师可以通过微信及时地表达问候;对于过生日的孩子,可以通过微信及时地送上一束电子鲜花和一句祝福的话……及时高效的微信沟通得到了家长更多的支持和肯定,也为家园联系开辟了新的渠道。

微信、微博时代的家园联系风潮已经悄悄袭来,教师需要尝试在微时代中与家长共享孩子的喜怒哀乐,让家园共育更有效,更有价值,更富有生机!

举一反三

某位幼儿教师的微信里经常出现班级某几个孩子的身影,引得其他家长纷纷猜测教师对这几个孩子有所偏爱。如果你是这位教师,你会如何处理?

(浙江省宁波市第二幼儿园 戴维)

难题14　与家长保持怎样的关系最合适

引言

幼儿教师每天都要与幼儿家长打交道。每个幼儿不仅有父辈家长——父母，还有许多与之有密切关系的其他家长，如爷爷奶奶、外公外婆等。幼儿教师要与这么多的幼儿家长相处，确实不是一件简单的事情。在与幼儿家长相处的过程中，把握适当的度是非常重要的，过度亲近或者交流不足都会使班级工作的开展受到影响。

案例

案例1

李老师今年带的又是一届新小班。开学两周以后，玲玲小朋友的外婆主动找到李老师，毛遂自荐想担任班级的家委会工作。她说："李老师，新小班你们三位老师真是辛苦啊，每天都要哄孩子、抱孩子！真的很感谢你们！我退休之前在单位里做过工会工作，担任班级家委会工作还是有一定经验的，我会全力配合老师开展家长工作。"李老师见她如此有诚意，便高兴地说："玲玲外婆，谢谢您对班级工作这么热心。只要您身体允许，我们愿意接纳您为家委会的一员。"随后的一个学期，玲玲的外婆都积极参加幼儿园的家委会活动。她是个热心肠的人，有时班上布置环境，她会主动帮忙；要复印资料，她抢着去做；春游时，她帮着拍照，忙前忙后……平时，她和班级的三位教师相处得很融洽。

"六一"儿童节到来之际，幼儿园举办了很多幼儿才艺专场表演活动，各班都推荐了班级中在唱歌、跳舞等方面特别出色的孩子参加表演。玲玲的外婆找到李老师，希望教师"开后门"，直接让玲玲参加园内的表演。但是，玲玲在艺术方面的能力很弱，如果答应的话，对其他孩子很不公平。可是不答应的话，李老师感觉平时和玲玲外婆的关系比较亲近，实在不好拒绝。

案例2

林老师是刚刚入职的新教师，同样也是带新小班。因为工作经验不足，加上本身个性比较内向，每天孩子来幼儿园和离园的时候，她只会机械地和孩子们说："早上好""再见"。家长们对孩子在幼儿园的一日生活情况一无所知，于是纷纷议论林老师似乎不太有责任心，一部分家长还要求园领导更换教师。

为此，林老师觉得非常委屈，因为她很爱孩子们，平时工作也是尽心尽责，没想到还被家长这样误解。

分析

上述案例1中，玲玲的外婆之所以会提出过分的要求，是因为她觉得平时和教师的关系很密切，自己也为班级做出了很多贡献，把付出作为等价交换的筹码，希望能够得到教师的"回报"。上述案例2中的家长之所以会误解教师，是因为他们在教师那里得不到有效的信息。幼儿园的孩子年龄小，家长将孩子交到教师手中，刚开始肯定不放心，特别是新小班的家长，迫切地需要了解孩子在幼儿园的生活、学习情况。他们往往会通过两种方式来寻求答案，一是询问自己的孩子，但是年仅3周岁的孩子由于认知水平有限，往往词不达意；二是询问教师，通过和教师的交流来了解孩子在幼儿园的情况。但是上述案例2中的林老师，由于个性内向和经验不足，羞于和家长沟通交流，造成一种不关注孩子的假象，导致家长产生误解。

从以上案例可以看出，教师在与家长打交道时的确存在不足之处。

1. 在确定家委会成员之前，尚未仔细了解

家委会是幼儿园与家长之间沟通的桥梁，对于班级工作的开展起着相当重要的作用，因此担任家委会成员的家长必须是热心班级工作，能起到带头示范作用，能为班级活动出谋划策的，充满正能量的家长。从上述案例1中不难发现，玲玲外婆之所以想担任家委会工作是为了拉近与教师的距离，从而向教师不断地提要求，希望教师多多照顾玲玲。对于"动机不良"的玲玲外婆，李老师在确定家委会成员时，过于草率，没有进行深入的接触、了解。

2. 未能及时与家长交流幼儿在园的表现

作为教师，应积极地向家长介绍幼儿在幼儿园各个方面的表现以及幼儿园最近开展的活动及要求，包括教师为解决幼儿的问题而采取的一些措施等，使家长了解幼儿园，理解教师的意图和工作。

上述案例1中的李老师未能经常与玲玲外婆进行沟通交流，没能使她了解幼儿园的活动方式，也没能让她多了解玲玲在幼儿园的表现和个性特点，结果让她以为自己的孩子各个方面都很优秀，进而向教师提出了不合理的要求。

上述案例2中的林老师作为新教师，由于刚参加工作，在和家长交谈中难免会有些胆怯，有时候甚至逃避和家长的交谈，这就是典型的交流不够，结果造成了家长的误解。

破解策略

针对以上分析,在与班级家长相处的过程中,教师应当做到以下几点。

1. 一视同仁,公平对待

一个班级通常有几十名幼儿,幼儿家长间的职业、身份也自然不同。其实不管是普通的工人,还是公司、企业的经理、老板,抑或是政府机关的领导,在教师面前都只有一种身份,那就是幼儿的家长。教师对所有的家长应该一视同仁,一样看待,一样尊重,不因家长地位的高低而不同对待,不因家长地位的高低而有亲疏之分。

教师常常要与班级家委会成员商量班级工作,这样无意中可能会造成其他家长心理的不平衡。所以,教师首先要在选举班级家委会成员时做到公平、公开,要动员家长自愿报名,最终由全体家长选举决定。其次,教师要将家委会成员的名单和照片进行公示,同时要让所有家长清楚家委会成员所要承担的工作。此外,教师还要定期更换家委会成员,让所有家长都有机会承担此项工作,这也是公平地对待所有家长的体现。

2. 及时交流,平等协商

成长中的孩子,他们的身上每时每刻都发生着变化,教师及时有效地与家长进行沟通交流,既能促进幼儿园教育和家庭教育的有效配合,促使幼儿的健康成长,又能消除家长的误解。上述案例 2 中的林老师要想改变这种不被家长信任的局面,首先要学会做个有心人,关注班上的每一个孩子,多了解他们的个性特点,将孩子在幼儿园的点滴表现如实地和家长进行交流,态度真诚、友善。其次,应多向身边的老教师学习、请教,掌握一些与家长沟通的技巧。时间就是最好的证明,家长看到教师的用心后，就会逐渐接纳教师。

3. 廉洁从教，一身正气

家长们有的出于对孩子教育的重视，有的受社会不正之风的影响，有的出于"跟风"的心理，有的出于感激教师的心理，会给教师送礼，那么教师应该如何处理呢？在市场经济下，教师要抵制社会不正之风的侵蚀，不利用自己的职位向家长谋求私利，避免通过幼儿指挥家长，要遵守人际交往的道德规范，否则不但降低教师在幼儿和家长心目中的威信，还会影响对幼儿问题的公正处理。教师在与家长交往的过程中，要端正动机，不搞等价交换，保持教师与家长关系的纯洁性，这是教师与家长进行交往的根本性原则。

4. 不卑不亢，有的放矢

教师要尊重家长，并不意味着要接受家长所有的要求。针对个别自私自利、别有用心的家长，教师要坚定立场，勇敢地学会说"不"。当然，教师与幼儿家长即使有不同的看法，也要注意采用适当的方法，真诚地与家长交换意见，给予热心的指导。教师要主动了解家长的顾虑，揣摩家长的心思，抓住需要沟通的问题，选择恰当的时机、方式，开诚布公地与家长交流看法，并以实际行动及时消除家长的顾虑，取得家长的信任，让家长放心。这样，班级的家长工作才能顺利开展！

举一反三

教师节即将到来，班上有些家长在议论到底要不要给教师送礼，送多少合适。对于此事，你会如何处理？

（浙江省宁波市海曙区莲桥第幼儿园　周颖）

第二章

家庭教育的指导

难题 15　如何让家长正视自己孩子身上的问题

引言

在幼儿园的家长群体中，有一类溺爱自满型的家长，他们总是认为自己的孩子是最好的、最聪明的，即使幼儿同伴间发生矛盾，过错方也肯定是别的孩子。这类家长占有一定的比例，如果教师不能帮助他们正视孩子身上存在的问题，不利于幼儿的发展。

案例

蓓蕾班是中大班混龄的班级，徐明是其中一个中班的小朋友。他很聪明，学东西很快，不过有点儿小心眼，爱捉弄别人，经常被小朋友告状。因为只是一些小问题，本着鼓励、表扬为主的教育原则，教师平时多是向徐明家长反映孩子好的方面。

9月初开学后，教师决定进行值日生的评选。一开始评选工作进行得比较顺利，但是到了10月中旬的时候，徐明的妈妈来幼儿园反映说："老师，我们徐明开学到现在才当了一次值日生，这是怎么回事呢？"带班的侯老师说："值日生是由孩子们自己评选的，不是由老师决定的。"徐明的妈妈说："我看我们徐明各个方面都好，为什么没被评上？""也许小朋友觉得徐明还有些地方不是很好，希望他能更好吧！"一听这话，徐明的妈妈愤怒地说道："我们小区里的丁丁也做过值日生了，连他这种数字不会写的孩子都可以做值日生，徐明为什么不能做？"侯老师解释说："评值日生不是单看孩子聪明不聪明，是从多个方面来考虑的。比如，吃饭进步了，不迟到了，等等。"教师这一说不要紧，徐明的妈妈更激动了:"你的意思是说我们徐明其他方面不好了？我要找你们园长反映去。"

过了几天，有几位家长向侯老师反映，说徐明的妈妈总是在小区里讲:"徐明那么聪明，老师不让他做值日生，肯定偏心其他孩子了。""说不定××的家长送礼了，不然××这么笨的孩子怎么能做值日生呢？"侯老师听后觉得很委屈。

 分析

现在的孩子一出生就是家里的"小皇帝""小公主"，在家长眼里自己的孩子永远是最好的，无论做什么都是对的，不愿承认自己孩子的不足之处，正如案例中徐明妈妈的表现。当然，教师在与家长沟通过程中也有不妥之处。

（1）**教师的沟通理念有问题。** 有些教师认为家长都爱听好听话，所以在反映孩子的情况时总是说好的方面，不好的方面就轻描淡写一语带过。有些教师觉得反映孩子的不良行为时不能说得太明显，以免伤害家长的面子，于是只是点到为止说一下。其实，这两种做法都不能让家长意识到孩子存在的问题。

（2）**教师没有把班级的新举措及时告知家长。** 每当教师有新的想法或者班级有新的举措时，都要及时与家长沟通，让家长了解教师的工作方法与要求，以减少不必要的误会发生。上述案例中，如果教师事先把值日生的评选工作告知徐明的妈妈，她就不会对教师产生误会了。

（3）**教师的后续跟进没有做到位。** 上述案例中，当徐明的妈妈怒气冲冲地离开幼儿园之后，教师应该意识到家长已经对自己产生了不信任，她并没有因为自己的解释而意识到孩子有不足之处。这时，教师应该与孩子的其他家长联系，了解家庭中的其他成员对这件事情的看法，从而

寻找事情的突破口。

破解策略

针对以上分析，教师在碰到这样的情况时可以采取以下一些方法。

1. 多种途径，帮助家长了解孩子的不足

在帮助这类家长了解孩子的不足时，教师需要一些沟通的技巧。比如，在家长开放日活动中，组织幼儿开展"说说我的好朋友"谈话活动，让家长了解班里其他孩子对自己孩子的评价。孩子的语言更真实，更有说服力，更能帮助家长全面了解自己的孩子。又如，当出现某个孩子打人或者捉弄别的孩子的情况时，可以在家长来接时请被打的或被捉弄的孩子出面和打人的孩子的家长沟通，教师在旁做好解释工作。对于个别特别不讲理的家长，教师可以寻求幼儿家庭中其他家长的支持，让家长去说服家长，会有意想不到的效果。当然，教师也可以组织亲子活动，在真实的情境中让家长观察孩子的表现，相信事实胜于雄辩。

2. 政策公开，充分发挥家委会的作用

关于班级一些新规则的制定，教师可以与家委会成员一起商量，并及时公布。当然涉及孩子必须遵守的一些规则，还可以邀请中大班的幼儿参与制定。比如，在评选值日生这个问题上，教师在和孩子、家委会成员一起商量确定好规则后，可以通过QQ群、家园练习册等方式公布，邀请所有家长一起监督。

3. 理念提升，帮助家长掌握正确的育儿知识

教师可以利用家教沙龙、家长学校、家园联系栏等，宣传时下先进

的教育理念与方法,让家长了解正确的育儿知识,也让他们知道把自己的孩子与他人的孩子进行比较是不可取的,要重视孩子在原有基础上的进步与发展。

4. 沟通及时,消除家长心中的不满

当孩子在原有基础上有所进步时,教师要及时与家长沟通,让家长知道教师对于孩子的进步是看得见的,孩子在这方面的不足是可以改正的,以此激起家长的信心,消除家长有关教师偏心的想法,让家长知道教师是真心为了孩子好。

举一反三

针对文中徐明妈妈说的"说不定××的家长送礼了,不然××这么笨的孩子怎么能做值日生呢",如果你是侯老师,你会怎么做呢?

(浙江省宁波市海曙区高塘幼儿园 董瑾)

难题 16　如何指导望子成龙心切的家长

引言

当今世界，家庭教育已成为令人普遍关注甚至焦虑不安的问题，"望子成龙"更是千千万万个家长的心愿。尤其是在我国激烈的社会竞争条件下，一些家长望子成龙心切，每天让孩子上各种"兴趣班"，对孩子进行早期智力开发，防止孩子输在"起跑线"上。中国教育学会秘书长杨念鲁认为："什么样的孩子才算成功，我们要分析孩子自身的条件、兴趣、爱好，而不是断章取义，根据自己的需求和愿望，或是社会上哪些专业热门、受人瞩目就希望孩子做什么。"

那么面对这样一群望子成龙心切的家长，教师应该如何引导他们意识到这种心态的种种弊端呢？

案例

一次家访，教师去了中班插班生天天小朋友的家里。在和天天父母的交流中，教师明显感觉到天天父母对天天的期望很高。

天天爸爸笑着说："我没什么文化，书读得不多，现在就只能指望这小子了。我现在的拼搏都是为了能给孩子一些好的条件，希望他比我有出息。"

教师笑着回应道："天天爸爸，你觉得什么是好的条件？"

"我让他读本地区最好的英语培训班，好几万一期。我还给他报了一对一拼音学习班、数学思维训练班、硬笔书法班、绘画班，这一个月得花好几万呢，为的就是让天天不输在起跑线上。"天天爸爸一听立马滔滔不绝地讲起来。

教师疑惑地问:"他这么早就开始上拼音、书法课啦?"

天天爸爸不以为然地说:"现在这个社会竞争压力大,还是让孩子早点学习,打好基础要紧。"

教师换了一个角度,问道:"那天天上这么多学习班,会不会太累?"

天天妈妈说:"他累什么,我每天陪着都不嫌累。"

天天妈妈转头对坐在旁边的天天说:"快,给老师说几句英语。"天天一听,深深地埋下了头,一动不动。

天天妈妈有些着急了,声音大了一些:"你平时英语讲得不是很好吗?快,胆子大一点,妈妈相信你,你很厉害的。"

天天蠕动了一下身子,依然没有开口。

天天爸爸尴尬地笑笑说:"他就是胆子有点小,以后请老师多给他点机会,锻炼锻炼他的胆子。"话还没说完,天天妈妈就接话道:"是啊,老师,天天的学习没有问题,就是性格太内向。你多引导引导,以后全靠你了。"

分析

从上述案例中我们发现,家长的望子成龙存在一定的盲目性。

1. 不顾忌孩子的需求,一味地按照成人的意愿进行填鸭式培训

从上述案例中天天爸爸的话——"我没什么文化,书读得不多,现在就只能指望这小子了。我现在的拼搏都是为了能给孩子一些好的条件,希望他比我有出息",我们可以很清晰地解读到,天天爸爸把自己未实现的梦想全寄托在了孩子身上,希望自己的梦想能在孩子身上变

成现实。这类家长往往固执地相信，许多事情只要按自己的意愿坚定地去做，就应该能实现；只要出发点是为了孩子好，就等于一好百好。这类家长不是根据孩子的爱好和自身条件制订规划，而是从攀比中产生期望，并要求孩子去实现。正因为家长们抱着"鞋不合适，那就委屈脚"的理念，导致孩子被填鸭式的培训占满时间，失去了美好童年，失去了天性和活力。

2. 没有准确给孩子"定位"，忽视孩子的水平进行"拔苗助长"

每个家长都应当给孩子正确地"定位"，既不能太高，也不能互相攀比，更不能拔苗助长。上述案例中，天天的内向害羞、不敢表达，正说明拔苗助长给孩子造成了很大的压力。人不是一部机器，而是一个有生命的个体，每个人都需要得到适宜的全面发展，包括懂得和别人相处，具备生活自理能力，心理健康，等等。《3—6岁儿童学习与发展指南》（以下简称《指南》）的颁布实施，引领着幼儿教师和家长们了解中班幼儿的现有水平和可以达到的发展水平，并提供了建设性的意见。正如中国教育学会秘书长杨念鲁所说："我们的教育不应该太功利，对于孩子成长的期望也不应该太功利。做到不功利的方法就是要根据孩子自身发展的特点，根据他的兴趣爱好和特长，给他适合的教育，给他提供适当的环境，让他得到充分的发展，也就是使每个孩子自身的特长得到充分的发展、张扬、展示和实现。"

针对以上分析，在面对家长望子成龙心切的问题上，教师可以采取以下措施。

1. 向家长分析望子成龙心切的弊端

首先，要让家长充分认识到对孩子期望过高的危害。法国教育家卢梭说："大自然希望儿童在成人以前，就要像儿童的样子。如果我们打乱这个次序，就会造成一些果实早熟，它们长得既不丰满也不甜美，而且很快就会腐烂。"家长对孩子的期望值如果超过了孩子身心发展的内在规律，就会严重影响孩子的性格、社会适应能力的发展及身心健康。上述案例中，天天的家长提早给天天安排了小学化课程，不仅违背了孩子的成长规律，而且摧毁了教育的系统性和循序渐进原则。此外，在高期望值的驱使下，家长评价孩子的标准就会严重失衡，认为孩子学习好就是好孩子，就什么都好。在这种心态的驱使下，只要孩子学习好，他们要什么就给什么，导致孩子养成极端骄纵的性格。

2. 多方策略跟进，改变家长的教育理念

（1）对班级家长进行调研。通过调研，洞悉家长育儿的观念和经验，并根据实际情况利用家长会、家教沙龙、家长学校等形式开展关于"望子成龙""小学化倾向"的专题讲座、互动访谈、辩论赛等。

（2）针对个别家长进行深度的沟通与指导。比如，针对上述案例中天天的爸爸妈妈，教师首先应站在天天的爸爸妈妈的角度看待他们的教育理念，帮助家长认识到望子成龙并不是绝对的不好，只是需要从科学而顺应幼儿发展的角度去合理引导和培养孩子。之后，教师可以通过个案追踪，对天天进行全方位的行为和发展水平的解读，并阶段性地与天天的父母进行一对一的沟通，逐渐让他们信任教师，消弱他们望子成龙的焦虑心态，继而自发修正天天的培养计划，还孩子一个自由、快乐的童年生活。

（3）向家长宣传幼儿园的教育内容，转变家长的育儿理念。教师可以针对幼儿园的实际情况，通过印发宣传单《致家长的一封信》、园刊等形式让家长从书面上了解幼儿园的教育内容和理念；也可以在举办家长开放日等活动时，邀请家长走进幼儿园，参与幼儿的一日生活，体验游戏的重要性和必然性，明白幼儿阶段的孩子只有在快乐的游戏中才能更好地获得知识，开发思维，发展能力。

 举一反三

皮皮是个小班新生，3岁就会背诵《三字经》，1—100的数数及50以内的加法更是不在话下。因此，爸爸妈妈视皮皮为"神童"，入园前要求园方让他直接读中班或大班，因为他们觉得小班的课程已经不适合孩子了。可当教师看到皮皮时，发现他还兜着尿不湿，让妈妈喂水喝，自理能力还有问题。如果你是教师，你会怎么处理呢？

（浙江省宁波市第二幼儿园　王丹红）

难题 17　如何指导赏识教育过度的家长

引言

在大力提倡素质教育的今天，赏识教育可谓一大热门话题，许多家长将其奉为教育的"灵丹妙药"，因此也就出现了一些赏识过度的家长。他们对孩子始终奉行着"说好话，不批评"的态度，片面地把赏识当作表扬，忽略了赏识是需要具体和技巧的，是有一定限度的。于是，幼儿园里渐渐地出现了一类喜欢听好话，抗挫折能力差，以自我为中心，自私娇气的"小王子""小公主"。面对这类家长，教师应该怎样与他们沟通呢？

案例

欢欢妈妈，特别推崇赏识教育、无批评教育，对待欢欢也总是蹲下来，细声细语，从不大声说话。她总是表扬和奖励欢欢，时常把"你真棒""你最棒"挂在嘴边。

在一次家长开放日活动中，欢欢妈妈看到欢欢的画，脱口而出："欢欢画得真好！我家欢欢最棒了！"听了妈妈的夸奖，5岁的欢欢不但没有高兴，反而不屑地说："你就会说'最棒'了，还有没有新鲜点的词。"区域活动时间，几个小伙伴一起用积木搭建楼房，没过多久，就有小朋友告状了："老师，欢欢打我。"欢欢妈妈听到后问欢欢："宝贝，是你打的吗？"欢欢很生气地说："这些积木是我的，我不让他玩。"欢欢妈妈听后说："欢欢，打人是不对的。你最棒了，以后不要打人了，妈妈奖励你一辆小汽车！"欢欢听后，高兴地说："好的，我有小汽车喽！"……

没过多久，进餐时间到了，欢欢不愿意吃饭，想要跟着妈妈回家，欢欢妈妈耐心地蹲下来一口一口地喂她吃饭，还不时地夸奖道："欢欢真棒，是妈妈的乖宝宝！"欢欢用了很长时间才吃完中饭，之后欢欢妈妈依然拗不过欢欢的哭闹，最终把她接回了家……

面对家长的过度赏识，教师不知如何是好。

 **分析**

在赏识教育的具体实践中，为什么会出现上述案例中的这种情况呢？这是因为家长对于赏识教育存在着认识上的误区。

1. 把赏识等同于表扬

很多家长单纯地把赏识等同于表扬，认为表扬就是赏识，这是对赏识概念的错误的、停留在表面意义上的理解。比如，上述案例中的欢欢妈妈频繁地使用"你真棒""你最棒"等表扬性词汇，认为只要对欢欢多些口头表扬就行了。结果长期的空洞的表扬，导致欢欢不屑一顾，行为上更加任性了。

2. 把赏识等同于不批评

很多家长认为赏识就不能批评。比如，上述案例中的欢欢妈妈很清楚"欢欢打人"是错误行为，但因为对赏识教育理解片面，导致她避开"批评"而采用"物质奖励"的方法，试图让欢欢明白打人是错误的。但从欢欢的语言（她高兴地说："好的，我有小汽车喽！"）可以看出，欢欢妈妈的赏识教育非但没有让欢欢意识到自己的行为是错误的，反而让她因为外在的物质诱惑轻视打人，聚焦奖励，甚至有可能给她一种"打人后会有奖励"的错觉，此时的赏识教育变成了误导教育。

 破解策略

根据以上分析，结合上述案例中欢欢妈妈的表现，教师首先应积极主动地与欢欢妈妈沟通，帮助她认识到赏识过度的危害。其次，应指导欢欢妈妈学会正确地赏识孩子，为她提供一些建设性的意见。

1. 向家长分析赏识过度的弊端

孩子的健康成长需要家长的表扬和鼓励，但过度表扬则达不到这个效果。因为无限度的表扬和赞赏改变的只是孩子的心理感觉，并非现实状况，这样会让孩子在不知不觉中滋长骄傲情绪，从而变得盲目自信。也有可能像上述案例中的欢欢那样，目空一切，对妈妈的赏识语言不但不屑一顾，还带着一丝丝厌恶。在家长的过度赏识中长大的孩子，当他们意识到自己没有父母夸奖得那么好时，他们的自我价值感会因此降低，进而变得自卑，失去安全感。还有一些孩子更有可能因为接受不了现实，而出现一些极端的行为。这就提示成人首先应该全面地了解孩子的性格、心理特点和学习、生活习惯等，再适时地提供支持与精神鼓励，引导孩子朝着健康的方向发展。

2. 指导家长正确实施赏识教育

在分析了赏识过度的危害之后，教师应重点帮助家长掌握正确的赏识方法。

（1）赏识要具体，有针对性，不能泛泛而谈。3—6岁幼儿的思维正处于具体形象阶段，他们对事物的认识和理解很具体。因此，成人在实施赏识教育时要专门强调孩子令人满意的行为或做法，不能笼统地表扬

孩子，切忌表扬语言单一、重复、无针对性。比如，上述案例中，欢欢妈妈多次对欢欢说："你最棒了。"这类笼统的表扬，欢欢听多了，就会产生厌倦感、疲劳感，大大降低了表扬的功效。教师可以建议欢欢妈妈做出一些调整。比如，针对欢欢的绘画作品，妈妈可以从绘画的主题、构图、色彩、创新等方面入手进行表扬。这种客观的表扬既可以提高欢欢的认知水平，又可以让欢欢明白自己在哪一方面做得好，使她得到了具体的指导。此外，教师还可以提醒欢欢妈妈在日常生活中尝试"结果趋向"的表扬方式，如"谢谢你把玩具整理得这么干净"；或者尝试"过程趋向"的表扬方式，如"宝贝，这件事情你做得真好，因为你动了小脑筋"。

（2）**赏识要有原则，迁就和妥协是助长孩子犯错误的根源。**当孩子出现不良行为的时候，迁就和妥协是对这种不良行为的无言支持，孩子会因此再犯错误。比如，上述案例中，吃饭时间欢欢要求回家不要在幼儿园吃午饭，欢欢妈妈采用拖延的策略，试图先喂好饭再协商回家的问题。结果没想到，此时孩子也在不断地思考如何满足自己的需求，有时还会"退而求其次"，先配合再耍赖。这时，如果父母一味地心软而迁就孩子，就等于让孩子抓住了父母的"软肋"，他们会再次使用哭闹的伎俩，正如上述案例中欢欢的做法。这就是孩子观察父母的态度和言行的一套思维。面对任性耍赖的孩子，教师可以建议家长建立一定的权威性、原则性，不迁就、不妥协。比如，上述案例中，欢欢不愿意吃饭要回家，对此欢欢妈妈应明确向欢欢表达不能回家的结果，同时还可以适当借助教师的权威劝服欢欢，如"欢欢，妈妈下午要上班，没有时间带你。而且你应该在幼儿园过完一天的生活，老师也不会同意你中途回家的"等。

（3）**赏识不是不批评，而是批评要讲究技巧和策略。**赏识不是不批评、惩罚，而是要讲究策略。赏识教育的核心是对孩子的充分信任，包括相信孩子能够坦然面对错误并承担责任。比如，针对上述案例中欢欢的打人行为，教师可以指导家长正视孩子所犯的错误，并严肃指出孩子的错误行为，然后和孩子共同分析事件的前因后果。但同时必须告诉孩子，妈妈相信她是一个知错能改，勇于承担责任的人。

针对上述案例中欢欢吃好饭依然想回家的行为，教师可以采取一种平等的、不伤害孩子自尊的方法。比如，可以对欢欢说："欢欢，你要回家吗？你很爱妈妈吧？但是我们的活动还没有结束，要是欢欢不在了，老师会很伤心很伤心啊！"这种让孩子感觉自己很重要的方式，要比简单的表扬和粗暴的批评效果好很多！

举一反三

新小班开学一段时间后，不少家长在 QQ 群里说，小年龄的孩子就是要哄着，国外的教育都是以鼓励为主，赏识教育很重要。假如你是这个班级的教师，你会采取怎样的措施与家长交流呢？

（浙江省宁波市第二幼儿园　王丹红）

难题 18　如何指导过度关注型的家长

引言

当今社会，家长的文化程度越来越高，加上孩子多是独生子女，所以家长对孩子也越来越重视。有些家长更是一意孤行，认为自己的教育观是最正确的。因此，也就出现了很多对孩子"关心过度"的家长，表现为对子女操心过多、忧虑过多、指导过多、监督过多、给予物质照顾过多，结果反而抑制了孩子的独立性和完整个性的发展。

案例

从开学后的第二周开始，洋洋妈妈每天上下午都会打电话给教师，一是询问洋洋心情怎么样，有没有哭；二是询问她午睡睡着了没有，有没有咳嗽。

随着一级幼儿园评估新标准的出台，洋洋所在的幼儿园对一日生活内容和作息进行了改革，将户外自主活动时间延长到了一个小时。结果，洋洋每天上幼儿园的时间也自动调整到上午 10:20，因为 10:20 是户外自主活动结束的时间。这样的情况持续两天后，教师就主动跟洋洋妈妈进行了交流。洋洋妈妈表示，洋洋体质敏感，不适合长时间的户外剧烈运动，只能等户外活动结束后再来。教师考虑到洋洋的敏感体质，对洋洋妈妈表示会根据孩子的个别体质进行特殊照顾。本以为这件事情已经得到了解决，没想到两天后教师又收到了洋洋妈妈的QQ留言："我想老师能不能向幼儿园领导反映一下，大风天，虽然天气晴好，但是气温低，对小孩特别是过敏的孩子影响很厉害。我打听到我们同事家的小孩所上的幼儿园，就没有这样的活动，只有做早操。"

分析

是什么原因导致洋洋妈妈对孩子如此关注呢？经过了解，有以下两方面因素。

1. 孩子的身体素质导致家长过度担心

洋洋的身体属于敏感性体质，皮肤一被风吹，就会发出一大块红色的疹子。此外，她还被鼻炎、支气管炎等慢性疾病困扰。她一生病往往就会持续个把月，中药、西药、雾化更是成了生活中的必需品。鉴于此，洋洋妈妈对洋洋的身体非常关心，一有风吹草动，就紧张不已。

2. 家庭问题导致家长忧虑过多

一个家庭如果很和谐，那么家长的教育观相对而言也会比较正向；反之，就会出现各种各样的问题。据了解，洋洋爸爸是教官，对待孩子就像对待自己的学生一样非常严格；洋洋妈妈则以孩子为中心，样样随着孩子。两个人经常为了孩子的教育问题发生争执。洋洋爸爸由于平时工作比较忙，就把教育孩子的问题交给洋洋妈妈，洋洋妈妈似乎为了证明自己的教育方式是对的，对孩子就格外用心，以至于出现过度关心的问题。

破解策略

针对以上分析，在面对洋洋妈妈这种过度关注型的家长时，教师应该采取以下措施。

1. 用心呵护，先行一步

教师在与家长的沟通中，要时刻树立全心全意为家长服务、为幼儿服务的意识。为此，教师一方面要做一个有心人，要了解每个幼儿的家庭状况及其需求，并尽力为家长解决后顾之忧。另一方面，教师要努力提升自己，掌握家庭教育知识，培养和发展自身进行家庭教育指导的能力。

上述案例中的洋洋妈妈其实过度关注的主要是孩子的身体健康这一方面。对于体弱儿，教师应该予以特别的关注。比如，户外活动的运动量要适宜，要观察孩子的出汗情况，运动前给孩子背上垫块吸汗巾，及时地提醒孩子穿脱衣服，运动结束后及时把吸汗巾取出来，提醒孩子补充水分，等等。教师只要用心呵护孩子，行动上先家长一步，相信家长一定能感受得到，从而对教师建立信任。

2. 换位思考，理解至上

孩子之间是有差别的，家长之间同样也是有差别的，而且家长之间的差别相对比孩子之间的差别更为明显，并且这种差别是在短时间内难以改变的。比如，有些家长善解人意，关心集体；有些家长"难弄至极"，挑三拣四，等等。对于这些家长，教师应做到一视同仁，不能因为家长"找麻烦"而对孩子持忽视态度。教师应该与每一位家长交流孩子在幼儿园的表现，包括孩子的进步和存在的不足，让每位家长都能感受到教师对孩子是重视的，教师的态度是真诚的。同时，教师要学会换位思考。在与家长沟通时，教师常常会遇到难以达成共识的局面，这就要求教师了解父母的角色，并能从父母的角度去体会家长的心情和需求。

上述案例中的洋洋妈妈一天要给教师打两次电话，教师可能对此有点反感；但是反过来站在洋洋妈妈的角度想想，她只是担心自己的孩子，这是再正常不过的事情了。如果教师能主动打电话给洋洋妈妈，和她交流洋洋在幼儿园的情况，不用几次，洋洋妈妈就会感到放心、安心了。

3. 平等对待，沟通无碍

教师与家长能否顺利沟通，也取决于教师与家长是否处于平等地位，取决于教师是否尊重家长。在家长工作中，教师在很多时候处于主导地位，这是可以理解的，但是处于主导地位不等于可以忽视家长的感受。《幼儿园教育指导纲要（试行）》（以下简称《纲要》）指出，家园合作首先要求合作的双方，即幼儿园教师和家长，要有平等的态度，任何一方持居高临下的指挥者的态度都会让另一方退缩。鉴于教师在合作中的主导地位，教师有责任唤起家长的主人翁意识，激发他们积极合作的态度。教师要奉献自己的耐心、虚心、诚心，听取家长的一些合理化建议，努力创设一个平等、轻松、愉快的交流环境，这样家园才能协同一致。

上述案例中，洋洋妈妈提出了关于"户外自主活动"的一些想法，有些还是比较中肯的。教师首先应该肯定其积极的一面，然后结合为何开展以及如何开展户外自主活动解释给洋洋妈妈听，让她了解这样做的目的及好处。同时，也可以请她到幼儿园现场观摩孩子运动的情况，眼见为实，更能得到家长的认同。

4. 以幼儿为本，家园共赢

对于那些被家长过度关照的孩子，教师平时应多观察他们，发现并充分发挥他们身上的优点，使他们感受到自己在集体中的价值。上述案例中，洋洋小朋友不仅聪明活泼，还是一个能力比较强的孩子，平时总是像一个大姐姐似的帮助其他小朋友。因此，教师可以鼓励她当值日生或者小老师，为其他小朋友服务，或者帮助教师做些力所能及的事情，让她充分感受到自己是很受小伙伴和老师喜爱的,让她爱上幼儿园。当然,教师还可以在家长面前多夸夸她的孩子,让她觉得自己的孩子在没有父母的庇护下,在幼儿园也一样如鱼得水。

 举一反三

针对案例中洋洋妈妈提出的"应该取消户外自主活动"的意见,如果你是教师,你会怎么做?

(浙江省宁波市第二幼儿园 王勇)

难题 19　如何指导离异家庭的教育问题

引言

每一个孩子来自不同的家庭，家庭对孩子的发展有着深远的影响。随着我国经济的发展和社会的转型，离婚率呈现持续上升的趋势。父母的离异给年幼的孩子带来的心理创伤，使离异家庭子女的教育成为一个突出的问题。如何与离异家庭的家长进行有效的沟通，如何为他们提供更多的开展家庭教育的帮助，让离异家庭的孩子也能健康快乐地成长，是教师面临的一个问题。

案例

案例 1

自主游戏时间到了，孩子们各自选择喜欢的内容进行游戏。在游戏中，他们一边玩一边交流着自己的想法。这时，两个孩子因为意见不合发生了争执，齐齐比较强势，狠狠地抓了一下西西的脸，西西的脸上顿时出现了一条红红的抓痕，西西坐下来哭了，但没有把事情告诉老师。教师教育引导齐齐后，将西西送到医务室对伤口进行了处理。傍晚放学时，教师向西西的妈妈（西西是单亲家庭）说明了情况，西西妈妈很心疼地说："老师，会不会留下疤痕啊？我们家孩子老实，经常被其他小朋友欺负。上次回家后，我发现他腿上有好大一块乌青也是被小朋友打的，老师把西西换到跟乖一点的孩子一组吧。"

案例 2

放学时间已经过去很久了，天色渐暗，教室里只剩下皮皮还没有被接走，教师陪着他聊天、玩玩具。教师接手这个班时就知道皮皮的爸爸妈妈已经离婚了。皮皮平常性格内向又倔强，调皮又胆小。见妈妈此刻还没有来接他，皮皮不停地望向教室门口，眼里充满了担忧。教师一边安慰皮皮妈妈一定是路上堵车了，一边拨通皮皮妈妈的电话："喂，皮皮妈妈吗？你来接皮皮了吗？"本以为会听到肯定的答案，但电话那边传来冷冷的声音："我今天有事，你叫他爸爸来接吧！"说完，皮皮妈妈就把电话挂了。于是，教师又拨通皮皮爸爸的电话："喂，皮皮爸爸吗？我是郑老师，皮皮妈妈今天有事不能来接皮皮了，你能来接一下吗？""我是开出租的，现在在北仑赶不过来，你还是等他妈妈来接吧。"皮皮爸爸又把皮皮推给了他妈妈……时间越来越晚，教师不停地打电话希望皮皮的爸爸妈妈有一个能来接他回家，但是他们把皮皮像皮球一样推来推去谁也不愿来接。没办法，经过与园区负责人商量，教师无奈地报了警。最终，在警察的劝说下，皮皮妈妈来把皮皮接回了家。在此期间，皮皮坐在办公室的沙发上始终低着头一言不发。

分析

分析上述案例，我们可以获悉以下三点内容。

1. 教师对孩子的心理状况把握不够

上述案例 1 中，西西被同伴抓伤后没有告诉教师，只是默默地哭泣。从他的表现看，他属于比较内向、胆小的孩子。作为教师，要了解西西被抓后为什么不告诉老师，然后从原因中去分析、了解孩子的心理发展状况。

上述案例2中,教师在了解孩子家庭现状的情况下,当着孩子的面反复拨打家长的电话询问是谁来接孩子这一做法并不适宜。因为孩子能从教师的行为中看到自己不被父母关注,这会对孩子的心理造成一定的伤害。

2. 家长的变化给孩子造成了影响

上述案例1中,西西妈妈由于自己是单亲家庭,怕孩子在幼儿园受欺负,担心别人会不喜欢她的孩子,甚至会用异样的眼光来看待她的孩子。她的这种心理在家庭生活中潜移默化地给孩子造成了一定的影响。此外,在处理这件事中,西西妈妈没有向教师了解孩子为什么被抓,而是直接反映孩子以往被欺负的一些情况。这一现象表明家长对孩子的心理发展特点、交往特点以及孩子之间矛盾的处理方法并不太了解,她认为换组躲避就能解决问题,殊不知她的这一想法对孩子的社会性发展是没有太大意义的。

上述案例2中,皮皮的父母没有把孩子放在重要的位置,他们以工作为由相互推卸接送孩子的任务。作为父母的他们没有意识到自己的这一做法会对孩子的心理造成一定的伤害。

3. 孩子的心理随着环境的变化悄然而变

上述案例1中,家庭的变故对孩子有一定的影响。西西在潜意识中可能认为父母的离异与自己有关系,因此他处于担忧、害怕却又很无助的情绪中,内心充满了孤独感。他想通过自身的努力获得父母、老师、同伴的认可。所以,他在自己需要帮助时常常会选择沉默。

上述案例2中,当教师拨打第一个电话的时候,孩子可能满怀期待。但是当教师继续拨打后,孩子便能从教师的言语、动作中感受到父母都不愿意来接自己，这时孩子的心情是非常低落的，他会由此联想到父母会不会都不喜欢自己，甚至不要自己了，这一想法对他的情绪、性格都会造成一定的影响。因此，他坐在办公室的沙发上始终低着头一言不发。

破解策略

在指导离异家庭的家长进行家庭教育时，教师可以采取以下几种方法。

1. 积极主动地与离异家长建立信任的关系

（1）主动交流，尊重家长。首先，教师要充分了解离异家长的心理特点，运用适宜的方法与他们建立良好的家园关系。教师要积极主动地向家长反映孩子在幼儿园的表现，前期以孩子的优点、进步为主，逐渐树立家长对孩子的信心和对教师的信任，消除家长的顾虑，这是建立良好家园关系的前提和保障。其次，交流时要注意方法，要多耐心地倾听家长的想法，倾听他们对孩子的描述、对教育工作的意见。通过倾听与交流，了解孩子的发展状况、心理特点以及家长的育儿理念、家长的变化。这能为家园工作的有效开展奠定良好的基础。

（2）多种渠道，选择交流。由于时间上的局限性，教师与家长面对面沟通的机会并不是很多。因此教师可以利用QQ、微信等网络平台，主动和家长进行交流，把孩子最近在幼儿园的表现告知家长。不过，在告知时教师要始终坚持先表扬再建议的方式，积极寻求家长的配合。

2. 多种通道帮助家长正确育儿

（1）帮助家长树立正确的育儿理念。《纲要》指出："家庭是幼儿园重要的合作伙伴，应本着尊重、平等、合作的原则，争取家长的理解、支持和主动参与，并积极支持、帮助家长提高教育的能力。"在对离异家庭的孩子进行教育的过程中，与家长的合作是一个至关重要的环节。因此，教师可以跟家长联系，根据孩子的具体情况，与家长一起制订教育目标，学期结束时共同进行评价。教师应让家长明白的是，要帮助孩子健康成长需要家园双方的共同努力，仅靠单方面的力量是无法取得良好的效果的。

（2）增强家长的育儿信心。在日常的家长工作中，教师要特别关注这些家长，充分调动他们主动学习家庭教育方法，改进家庭教育的积极性和主动性。因为家长才是离异家庭教育的真正实施者，是其他人所不能替代的。因此，教师要鼓励家长树立成功进行家庭教育的信心，让家长看到离异家庭教育有很多成功的例子，了解离异家庭教育的优势所在。比如，单亲家庭的特殊生活环境，给了孩子更多的独立自强、锻炼自身能力的机会。此外，对于离异家长提出的一些教育问题，教师要认真倾听，详细了解，以探讨的方式提出一些实用性参考建议。

（3）鼓励家长多与孩子交流。沟通交流是增进亲子情感的桥梁。因此，教师要引导家长多陪伴孩子，与孩子交流，了解孩子的现状、想法，以便进行有针对性的教育。此外，教师要鼓励双方家长尽量抽出时间陪孩子参加幼儿园组织的各项活动，多进行亲子互动，从而建立起良好的亲子关系。

3. 了解并尊重孩子

（1）解读行为，了解孩子。首先，教师要关注离异家庭的孩子，了解他们日常生活中的行为表现，分析其行为背后的各种原因，做好观察记录。这能帮助教师更深入、更准确地了解儿童的发展变化。其次，教师要以乐观、开朗的性格与孩子交往，积极主动地争取孩子的信任，从而了解孩子的想法，然后有针对性地进行引导，培养孩子良好的性格和健康的心理。

（2）**努力营造爱的氛围**。班级是对幼儿成长影响最直接的环境。宽松、和谐、文明和充满爱的班级氛围有利于幼儿发挥潜能，形成健全的人格。缺乏自信的孩子，越被责备越没信心，严重的甚至会自暴自弃。因此，教师要转换思维方式，从寻找孩子的缺点变为寻找孩子的优点，从否定评价变为肯定评价，从责备变为激励。同时教师在处理问题时，要站在孩子的角度去思考和解决，避免对孩子造成二次伤害。

（3）**帮助孩子处理好与同伴的关系**。离异家庭孩子的心理压力往往比较大，因此教师要鼓励引导他们在班上交几个要好的朋友，经常一起学习，一起度过周末等。孩子的群体生活一旦正常，许多问题就迎刃而解了。

举一反三

如果你遇到案例 2 中皮皮的爸爸妈妈这样的家长，你会如何应对呢？

（浙江省宁波市江北区中心幼儿园　杜漫丽；
浙江省宁波市第二幼儿园　朱亚玲、郑志玮）

难题20 如何指导家长让孩子度过一个愉快的寒暑假

引言

每年的寒暑假,既是一个让孩子们放松开心的时期,也是一个令家长头疼矛盾的时期。有的家长认为放假了就要让孩子尽情地玩儿,也有很多家长认为可以利用寒暑假让孩子多学点东西。那么,如何让孩子度过一个愉快的寒暑假,既能让孩子在幼儿园里养成的良好习惯得以巩固,又能促进孩子的身心健康发展,是当前许多幼儿家长非常关心的问题。

案例

暑假结束了,孩子们带着纯真的笑脸回到了班级。他们现在成了幼儿园里最大的哥哥姐姐了。延续上学期末的一项活动——让幼儿记录自己的暑假生活,开学初班级里组织了一次"茶话会"活动,让孩子们聊聊暑假里的愉快生活。由于得到了家长们的协助,孩子们准备得非常充分,有的是用照片、录像的形式记录了自己的暑假生活,有的是用表格的形式记录了自己的暑假生活。

妮妮迫不及待地拿出一本小相册与同伴们分享了自己愉快的暑假生活:"放暑假的时候,爸爸妈妈带我去了香港的迪士尼乐园。那里有很多好玩的东西,我以前都没有玩过。有些玩具对于身高有要求,我还不够高不能玩。这是我和米奇的合影,我在迪士尼里看到了……;另外,我还去了外婆家,去了图书馆。你们看,这是我在外婆家学溜冰的照片,我现在能滑很远的路了……;这是我帮外婆打扫的照片,妈妈说外婆年纪大了,我要帮着一起做家务……;这是爸爸带我去图书馆看书的照片,那里有好多书，还能借到家里去看。对了，在图书馆里要记得不能大声说话，否则会影响别人的……"

听着妮妮的讲述，小朋友们都流露出了羡慕的神情。轮到文文上场了，他用很简短的语言介绍了自己的暑假生活："我的爸爸妈妈每天都要上班，我住在爷爷奶奶家，在家里玩玩具，很少出去玩。"接下来，有的孩子说爸爸妈妈给自己报了舞蹈班、轮滑班、绘画班等；有的孩子说自己平时在托管中心和小学的哥哥姐姐待在一起，只有双休日的时候爸爸妈妈才会带自己去公园玩儿……

短短一个小时的时间里，教师了解了孩子们的暑假生活。活动结束后，教师把幼儿的暑假生活精彩照片张贴到主题墙上，让孩子们与父母共同分享。

分析

因为家庭生活条件、教育环境等的不同，家长为孩子安排的寒暑假生活也截然不同。从上述案例中可以发现，以下三种情形最为普遍。

（1）**为孩子报各种兴趣班。**现在的家长望子成龙、望女成凤心切，希望孩子能获得更好的发展。其中，注重智力开发的家长利用寒暑假为孩子报了心算班、右脑潜能开发班、英语班等；注重运动能力发展的家长为孩子报了轮滑班、武术班等；注重培养孩子一技之长的家长，则为孩子报了许多特长班，如舞蹈班、乐器班、美术班等。家长们以为自己是在精心栽培孩子，然而很多孩子只是在被动地接受，有些孩子甚至因此产生厌学的情绪。

（2）**将孩子完全交给祖辈家长照顾。**大部分家庭中父母工作比较繁忙，没有时间照顾孩子，于是将孩子交给祖辈家长照顾。但是祖辈家长往往会格外疼爱孩子，容易陷入无原则的迁就和溺爱之中。另外，祖辈家长在照顾孩子过程中，可能考虑到安全、责任等因素而谨小慎微，不敢让孩子尝试新鲜事物，以让孩子居家玩耍为主。

（3）散养，纵容孩子尽情地玩耍。随着生活水平和家长文化水平的提高，有一些家长认为孩子在幼儿园、学校总会受到一些规则的束缚，到了寒暑假就应该让他们尽情地玩耍，尽情地放松，却忽略了他们的健康生活规律的培养。

破解策略

3—6岁的幼儿天性好玩、好动、好奇，因此教师应建议家长们根据孩子的生理、心理特点，为孩子提供有利于身心健康的活动，让他们在活动中锻炼体魄、增长见识，度过一个愉快的寒暑假。

1. 寒暑假的安全教育最为重要

在假期里，孩子的安全教育是最不能忽视的，教师可以根据寒暑假的特点进行相应的安全知识宣传。比如，寒假过春节时家家户户都要放烟花，暑假里天气炎热时游泳玩水活动多，那么教师就可以通过多种途径宣传文明燃放烟花的注意事项以及防溺水的安全知识，引起家长们对于孩子安全教育的重视，防止意外事故发生，确保孩子能够度过一个愉快、安全、充实而有意义的假期。

2. 尽量做到与幼儿园的作息时间保持一致

寒暑假期间，家长应合理安排时间，保证孩子生活的规律性。教师应建议家长尽量按照孩子在幼儿园已经养成的生物钟来安排孩子的生活，可以与孩子一起制订"一日作息时间表"，然后引导和督促孩子每天尽量按照计划来做事情,这样既能培养孩子做事的计划性,又能尽量符合幼儿园的作息时间。

3. 为孩子安排丰富多彩的假期生活

寒暑假期间,家长可以抽出时间多陪陪孩子,给孩子讲讲故事、念念儿歌,陪孩子做做手工等,以增进亲子间的情感;也可以根据孩子的兴趣,为孩子报一些兴趣班,如轮滑班、绘画班、舞蹈班等,但不宜过多,要让孩子快乐地学习;还可以带孩子外出旅游,进行参观学习,以开阔视野。针对3—4岁的孩子,家长可以带他们去游乐园、动物园等地玩耍;针对5—6岁的孩子,家长可以带他们去展览馆、博物馆、植物园等地进行参观,培养孩子有关科技、天文、地理、历史、植物等方面的兴趣。如果天气条件允许,平时关系比较好的几户家庭还可以一起去爬山,不仅可以增强幼儿的体质,还能增进幼儿同伴间的情感。

4. 让孩子参与家务劳动

家长应多鼓励孩子做些力所能及的事情,不要过于包办代替,要让孩子自己的事情自己做,甚至可以鼓励他们帮助父母、祖辈家长做些简单的家务,如擦桌子、分碗筷、拿报纸等。这样既能提高孩子的生活自理能力,又能培养他们的劳动意识。

另外,假期不宜让孩子长时间看电视或玩电子产品;要注重孩子的饮食,不暴饮暴食,不吃冰冷的食物,不吃垃圾食品等,要让孩子度过一个愉快、健康的寒暑假。

举一反三

假如你班上某位家长对孩子要求很高,打算在寒暑假为孩子报很多兴趣班,你知道后会给这位家长哪些建议呢?

(浙江省宁波市海曙区早教中心 钱珍)

难题21　入学准备，如何指导家长不要帮倒忙

引言

家长们大都认为，小学和幼儿园是两种截然不同的学习环境。幼儿园是以玩中学为主的，小学则以严肃的学习为主，有要求、有成绩、有名次。于是，那些家有大班幼儿的家长，开始纷纷着急了："人家的孩子都会读写好多字了，拼音也会了，我家孩子什么也不会。""离上小学还有不到一年的时间，得抓紧时间学一下。""不能让孩子输在求学的起跑线上。"……他们会将孩子入学前的读写练习作为首要任务来抓，方法机械枯燥。其实，很多家长不知道，这样的入学准备反而帮了倒忙。

案例

寒假来临前，然然妈妈想利用这个假期让孩子好好地学习识字和书写。再过半年然然就要上小学了，然然妈妈的很多同事、邻居家的孩子大都已经开始了硬笔书法和拼音学习，而然然什么也没学，上小学就会不如别的孩子，跟不上了。然然妈妈买来了读写本，白天让老人督促孩子每天写一页，既能增加识字量，也能让孩子少看些电视。可寒假一天天过去了，然然始终没能按时完成妈妈布置的"作业"，于是然然妈妈就利用晚上的时间承担起辅导然然练字的任务，每天辅导练字1个小时。然然呢，却越来越坐不住了，一会儿口渴了要喝水，一会儿要尿尿，一会儿又喊困了要睡觉，磨磨蹭蹭地拖延时间，这让然然妈妈越发担忧了。她将然然的情况跟然然的老师做了交流，希望让教师帮助孩子喜欢上读写。

分析

我们都知道在小学,培养孩子读、说、写、算的能力是最基本的教学任务。比如,人教版低年级的语文教材提出的目标是:"以识字、写字为重点,兼顾阅读、口语交际等。根据《小学语文课程标准》提出的'认写分开、多认少写'的构想,解决多认字、写好字的主要问题。前两年共认1800个常用字,会写1000个。在学生认识一定量的字以后,适时提倡和指导他们进行课外阅读,开始重视写句子、写话。"大班幼儿入学后既要适应小学的上下课节奏和教学方式,又要学拼音、学汉字、写汉字等,这些和他们在幼儿园的学习是截然不同的。面对大量的汉字与大篇幅的课文,有很多孩子是比较难适应和掌握的,进而出现写字慢、教过的字读不出、语文成绩不理想等现象。因此,不少大班孩子的家长因自己的孩子在读写方面不足而进行"加班式""小学化"的训练,如上述案例中然然妈妈的做法。但是这种方法过于简单粗暴,长此以往,容易让孩子产生厌恶、抵触的情绪,反而将积极的入学准备变成孩子哭、家长累的"帮倒忙"。

破解策略

关于学龄前孩子的读写准备,不能等同或者简单地参照小学生的读写练习,而是要注重孩子早期读写经验的培养。台湾的教育研究者黄瑞琴认为,孩子早期读写经验的培养必须符合以下几个原则:着重于孩子自发的兴趣和好奇心;统整语文的过程(听、说、读、写);读写活动是有功能的、有意义的,是孩子有能力和有意愿参与的;孩子有机会试验读写,环境中充满各种文字材料,让孩子互动或独立探索;着重于孩子的主动学习,而不仅是父母的教导;读写应被视为分享意义、澄清思想和探索世界的一个媒介,而不是教导读写技巧的一个工具。

在读写准备中,孩子是读写的主体。家长要以激发他们的兴趣和爱好为主,而不是过多地强调认了多少字、写了多少字。家长也不要像小学教师那样要求孩子,而是要做孩子读写的支持者、交流者、游戏伙伴和环境的创设者,教给孩子一些浅显易懂的读写方法,鼓励孩子认认读读、画画写写,让孩子在与家长的互动游戏中构建自己早期的读写经验,养成良好的读写习惯。

教师可建议家长采用引入导读、游戏互动、个性化辅导、教授方法、培养习惯这五个方法来进行教育引导,通过一系列适合孩子年龄特征与需要的活动,培养孩子前阅读和前书写的兴趣以及必备的能力,为其顺利入小学打好基础。

1. 引入导读

导读,就是要求家长针对入学前孩子的特点,改变以前给孩子读书、讲故事时,父母讲、孩子听为主的方法,要孩子共同参与,把孩子认识的、会读的内容留给他们来读。在选材上,可以选取一些语言文字浅显易懂的低幼读物;在策略上,主要以鼓励为主,以激发孩子识字与朗读的兴趣。有时,家长可以故意装作不认识、读不出,"请教"一下孩子。对于孩子比较熟悉的儿歌或童话等,可以让孩子当老师领读,家长进行跟读。在时间上导读不易过长,每天坚持5分钟左右即可。

2. 游戏互动

游戏是入学前孩子进行早期读写学习的最主要和最有效的方式,可以增强孩子读写学习的乐趣,使孩子在寓教于乐中获得知识和经验。一般来说,游戏互动可以安排在导读后面进行,时间为5～8分钟,游戏规则不易过多，主要突出读写。笔者曾和孩子做过这样一个游戏——"天天播新闻"。笔者会每天留心报纸上的有趣新闻，然后将新闻简易成一句话，话中的文字也尽量都是孩子认识的字，之后和孩子一起扮演播音员来播报新闻。"播音员"角色，则选择孩子喜欢的动物或动画片中的人物来担任。播完新闻后，要求孩子模仿《新闻联播》中的播音员在稿纸上签字。比如，今天写下"小花猫"，明天写下"小白兔"等等。日积月累，孩子每天读一点写一点的习惯也就慢慢地养成了。此外，家长还可以在网上搜索一些识字软件，这些软件设计得形象生动、动脑动手，可供孩子读写学习使用；还可以在与孩子的互动中逐渐形成一些好玩的游戏，或鼓励孩子自编读写游戏。

3. 个性化辅导

俗话说，"一个孩子一个样"。家长要细心观察自己的孩子在读写方面的个性化表现，因势利导，有针对性地进行辅导。笔者的孩子爱好数学，没上小学的时候就对加减乘除特别感兴趣，可是却对一叠叠识字卡片兴致缺缺，大字不识几个。于是，笔者根据孩子在数学方面的特长，自创了加减汉字认读法。比如，4×口+犬=器，草－早+化=花，走+耳+又=趣，趣－走=取，取－耳=又，等等。因此，家长可以用一块小的书写板，通过和孩子一起写写擦擦变化出无数个汉字，既让孩子了解了汉字的不同结构，也让孩子在不断的变化中有创意地认读了很多字，模仿书写了很多字，收效还是很不错的。还有的孩子喜欢画画，那就可以让孩子画一些简单的故事插图，家长再在故事的人物旁注上一些对白。比如，"小花猫，这是你爱吃的鱼！""今天天气好，我们去公园！"……然后，让孩子来表述对白。遇到孩子不会写的字，家长可以用铅笔在纸上淡淡地写好，再请孩子描红。

进行读写的个性化辅导，对于孩子的早期读写能力的培养是非常重要的。父母要善于动脑筋，创编出符合孩子的辅导方式。不过，要切记，孩子在进行入学前的读写准备时不可以进行强化式识字和书写训练。

4. 教授方法

"授人以鱼，不如授人以渔。"在孩子的早期读写能力的培养中，家长要努力做到在帮助孩子做好读写准备的同时，教给孩子一定的读写方法，供孩子举一反三、触类旁通。汉字是一种象形文字，在造字的时候有一定的规律。比如，同一偏旁的字都有一个共同的特征和意义。比如，三点水的江、河、海、洋等都是与水有关的字。在孩子了解偏旁的基础上，家长可以用一个字通过变化偏旁变出新的字来让孩子认读，如工—江—红—扛等。家长还可以通过加减笔画变化汉字来教孩子进行认读，如日—白—电—目—田—甲—由—申等。此外，还有音同字相近的情况（如化—花），字同音不同的情况（如"银行"中的"行"—"人行道"中的"行"），以及重叠字（如山—出，口—吕—品）等。把这些有特征的字放在一起让孩子读写，慢慢地孩子就能发现规律了，这样当他们在别的地方发现新字的时候就会自然而然地联想到以前认读过的字，然后进行区分识别和划空书写，也就初步掌握了自我学习读写方面的知识和能力。

5. 培养习惯

孩子入学前的读写准备，其最终目的是要让孩子养成良好的阅读和书写习惯，而良好的阅读和书写习惯可以使孩子终身受益。读写的好习惯有很多，比如，每天有一定的时间看书，愿意听故事并复述故事，有识字和书写的兴趣，有正确的看书和书写姿势，注意用眼卫生，等等。这些习惯需要家长通过言传身教逐步帮助孩子培养起来。另外，家长还要在孩子读写的实践中不断耐心地予以纠正或强化。

总之，读写准备是孩子入学准备的重要内容。家长要通过一系列适合孩子年龄特征与需要的活动，培养他们的前阅读和前书写的兴趣及必备的能力，而不是以教孩子认读、书写汉字为主要内容，也绝不能以认读、书写汉字的多少为评价标准，应为孩子入小学后的读写活动打下良好的基础。

举一反三

针对案例中然然妈妈向教师反映的"孩子越来越坐不住，拖延时间"的学习问题，如果你是然然的老师，你会怎样帮助家长？

（浙江省宁波市海曙区闻裕顺幼儿园　陈延文）

难题22 当家长提出教师也搞不懂的教育问题时，该如何应对

引言

曾经，家长们受自身教育水平的局限，总是很谦逊地接受教师的建议，对教师充满了信任。在他们眼里，教师说的都是对的。可随着社会的发展、时代的进步，一代又一代的高素质年轻人渐渐成为幼儿的家长，他们自身的文化素养鞭策着他们对事业、家庭、育儿的高要求和高重视，部分家长对孩子教育的细致关注、观察研究，并不亚于教师。因此，幼儿教师经常会碰到家长提出的教育问题自己也不懂、无法应对的尴尬局面，有些教师干脆避而不答。长此以往，家长将会对教师的专业能力失去信心，甚至会质疑教师的教育能力。这对一名教师，尤其是青年教师的专业成长和班级管理是极为不利的。

案例

中班开学后的第一周，琦琦妈妈跟教师反映了琦琦的一个特殊情况。原来琦琦在假期中大便间隔天数很长，而且他也不喜欢大便。每当有便意的时候他都不主动如厕，也不告诉妈妈，偷偷地自己忍着。有一次实在忍不住了，他竟用手指将它硬塞回去。这件事让琦琦妈妈苦恼了很久，她也一直对琦琦进行正面的引导，避免伤害他的自尊心，但状况似乎没有什么改变。教师听后也不知道是怎么回事，答应琦琦妈妈会在幼儿园观察孩子。

在接下来的一段时间，教师认真关注琦琦的排便情况。结果发现，

他从来没有跟教师说过有便意,有时教师主动询问,他都摇头否认。在关注了几天后,又没有想出新的应对策略,教师渐渐将这件事淡忘了。一天,琦琦妈妈又与教师交流了这一情况,原来她已经带琦琦去医院做过检查,结果表明生理指标正常,可见琦琦厌恶排便的问题可能是由心理因素引起的。鉴于自己的幼儿心理健康相关知识比较薄弱,教师听了之后也给不出什么有用的建议,只能支吾以对。

分析

当家长提出教师也不能马上回答的问题时,教师们往往会采取以下几种回应方式:告诉家长,自己需要查阅资料,或者请教他人,稍后会做出回复;不懂装懂,因不愿被家长质疑教育能力,而以不专业的态度给予家长错误的引导;避而不答,忽略与家长的积极沟通。当然,第一种方式是最积极的,不懂装懂和避而不答不仅不能从根本上帮助家长解决问题,还会影响孩子的身心健康发展。

上述案例中的教师,显然属于避而不答型。家长是抱着信任的态度积极向教师求教的,但多次得不到有效的回应后,他们不仅会质疑教师的教育能力,更对教师的教育态度失去信心,长此以往会影响家园沟通的效果。同时,教师遇到困难不积极克服而选择回避,自身的专业素养也得不到提高。

在自身经验有限的情况下,积极寻求外部经验以充实自我经验,是必不可少的好方法。当家长提出教师也不懂的教育问题时,教师应做到以下几点。

1. 保留疑问态度，了解细节

当家长提出的问题教师自己也不懂时，教师首先不要感到畏惧和不自信，可以诚实地向家长表明自己在这方面的知识浅薄，但同时也要表明自己积极解决的决心，愿意和家长一起关注、分析孩子的状况，寻求解决问题的最适宜途径。

为了更好地帮助家长缓解焦虑情绪，教师可以向家长具体了解孩子这一问题的具体细节。比如，是否有产生的诱因？平时的饮食习惯如何？已采取过哪些措施并得到了怎样的效果？等等。收集一些关键性资料，能帮助教师在后期有针对性地进行实效分析和策略指导。

2. 借助家长资源，帮助孩子

排便问题涉及幼儿的生理和心理健康。如果班级有从事医务工作者的家长，教师可以请他们从专业的角度做出判断，甚至可以邀请家长来班级做家长助教，为幼儿讲解消化、排便等健康知识，帮助幼儿了解排便这一正常的生理现象，知道排便对于身体健康的重要意义（注：因涉及孩子的隐私，在请教其他家长的过程中，应避免出现班级幼儿的名字）。这种集体性的活动，既不会让琦琦感到尴尬，又从正面帮助他建立了对生理机能积极运行的认识。

家园沟通是幼儿发展的有效桥梁，并不是指让家长单纯地配合教师的教育工作，而是发挥强大的家长资源帮助幼儿。

3. 查阅相关资料，分析思考

针对幼儿的问题，教师进行专业的观察和分析是必不可少的，毕竟孩子的教育要因人而异、因材施教。在观察到幼儿的情况后，教师可以寻找相关的学习理论和专业资料,结合家长的建议进行分析。

当然,解决幼儿的问题并不是做课题研究,无需到处找理论资料,相关的实践案例也可以作为借鉴,甚至可以借用幼儿喜爱的书籍、动画片等。比如,针对上述案例中琦琦排便的情况,教师可以为幼儿讲述生动有趣的《臭粑粑》故事,轻松的《谁拉的便便》故事,富有教育意义的《便便是万能的》《大便书》故事……此外,还有小朋友最爱看的巧虎动画片中的《消化真神奇》等。这些都是幼儿感兴趣的、认知的有效途径。

解决问题的根本还是应以幼儿为主体,选择他们喜欢且容易接受的方式,这也是教师比较容易把控的方法。

4. 借鉴成熟经验,调整尝试

教师还可以虚心请教比自己经验丰富的骨干教师,因为他们的方法策略会比家长、青年教师的更成熟一些。比如,设计"嗯嗯角"的排便记录表,让全班孩子一起参与排便统计,每周分析孩子的排便情况,对排便情况正常的或有进步的孩子给予肯定、鼓励和奖励等。

同时,教师也可以通过广阔的网络平台,学习借鉴相似案例的解决策略。教师可以结合实际情况,尝试分析、调整对琦琦排便状况的改善措施,这也是教师给予自己的一次实践成长的机会。

5. 保持家园沟通,及时反馈

当然,家园沟通还是必不可少的一个途径。幼儿园与家庭的具体措施应保持一致,对孩子进行一个持续性的观察,彼此及时反馈孩子的具体表现,阶段性地进行反思调整。即使这些措施并不是由教师提出来的,但教师愿意和家长一同探讨、解决孩子的教育问题,在情感上至少能得到家长的认同和感谢,让家长感受到教师的责任心和教育情操。只有家园双方相互信任和支持,才能真正促进孩子健康成长。

　　总之,本着学习、接纳、反思、改进的原则和态度,对于家长提出的任何教育难题,教师终会找到有效解决的好方法。

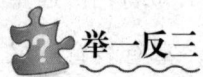举一反三

　　针对案例中琦琦的排便问题,你有哪些好方法可以供琦琦妈妈借鉴?

(浙江省宁波市海曙区江厦幼儿园　王盈)

难题23 如何应对家园教育要求不一致的情况

 **引言**

当前，随着对家庭环境和家庭教育作用认识的提高，家园共育的思想已逐渐被人们接受。幼儿园教师要充分认识到家园共育的重要性，要将家长视为合作的伙伴和幼儿园教育的重要人力资源，并努力在相互尊重、平等互惠的原则下真诚合作。

家园共育，既不是传统意义上的家长工作，也不是以一方为主的配合，而是两个同样肩负着人生启蒙教育重任的社会组织及其成员之间的携手。

 **案例**

皓皓是一名中班的小朋友。新学期开学后，皓皓每天都是在教师点名的时候优哉游哉地进来，一点也没有紧迫感。午饭时，皓皓喜欢先吃自己爱吃的菜，剩下的就不吃了，然后趁教师不注意时悄悄地把饭菜倒了。午睡起床，皓皓拿着衣服坐在床上等着教师帮忙。这些行为上学期都没有，不知道为什么暑假开学后都出现了。

傍晚皓皓妈妈来接皓皓时，教师向皓皓妈妈反映了皓皓近期的表现。皓皓妈妈说，由于暑假期间她和皓皓爸爸工作非常忙，因此皓皓就由爷爷奶奶照顾。爷爷奶奶对皓皓非常溺爱，什么事都依着他，什么事也不让他做。再加上她和皓皓爸爸觉得亏欠了孩子，所以就想给孩子更多的弥补，对孩子很宠爱。

同时皓皓妈妈表示，他们非常重视孩子的智育教育和兴趣的培养，平时为皓皓报了很多培训班。现在皓皓已经能背《三字经》，会弹简单的曲子，还能做20以内的加减运算了。说到此处，皓皓妈妈感到非常欣慰。

分析

家庭是幼儿生活成长的第一个环境，父母是幼儿的第一任教师，家庭教育对孩子的成长有着至关重要的作用，良好的家庭教育可以使幼儿的身心得到健康的发展。然而，上述案例中皓皓的家长在教育皓皓时既没有掌握科学的理念，也没有运用良好的教育方式。当然，这其中教师也存在一定的问题。

1. 家长只重视孩子的智育

上述案例中，皓皓妈妈的表现说明，现在一些幼儿的家长明显表现出只重视智育的倾向。在孩子入园后，他们总会强调孩子的学习成绩，往往忽视孩子其他方面的发展。他们望子成龙、望女成凤心切，一味关注孩子的智力开发，不惜花费大量的精力、财力和时间，对孩子进行识字、画画、声乐等方面的培养，而忽视孩子的品德教育、劳动习惯的养成以及独立自主的人格的塑造等。这是一种非常错误的观念。家长可以适当地加强智力投入，但不能片面地强化智育，夸大智力的影响力，否则将会危害幼儿的身心健康成长，甚至因此影响孩子的一生。比如，有些孩子学习很好，但是自理能力很差，也不会人际交往的技巧，更不懂得尊老爱幼等。而且，家长们本意虽然是要对幼儿进行智力开发，事实上更多的是停留在灌输知识的层面上，久而久之，幼儿就可能对学习产生厌烦情绪，或者只发展了幼儿的记忆能力而消弱了他们的想象、创编和发散思维能力。

2. 家长缺乏良好的教育方式

不良的家庭育儿方式，主要表现为两大类：溺爱式与专制式。现在的幼儿多是独生子女，家长对他们百般溺爱，衣食住行、大大小小事务，一概包揽。在幼儿园，教师经常可以看到孩子跟家长讲"条件"，而家长对孩子是有求必应。家长的溺爱直接造成幼儿以自我为中心，性格孤僻，胆小退缩，缺乏自理能力和自制能力，难以健康成长。比如，上述案例中的皓皓就是典型的被家长溺爱长大的孩子。另一类家长则信奉"棍棒底下出孝子"的古训，认为孩子没有独立的人格、自尊心，父母总是高高在上的。父母的话就是权威，说一不二，孩子只能服从。只要孩子出现一点差错，非打即骂。在这样的环境中成长起来的孩子，自然也无法形成良好而健康的心态。

3. 教师的工作开展得不够扎实

在日常的教育工作中，教师虽然知道应帮助家长树立正确的育儿观念，但是在具体的实施过程中不够扎实、细致。比如，教师仅仅把书刊上的有关文章摘抄一些贴到"家长园地"里，或者仅仅把家长当作听众，以单向的讲授为主，不给予家长更多思考的时间，更没有留给家长充分的时间发表自己的看法，使得指导内容缺乏针对性，很难被家长真正接受并内化为今后教育子女的能力，影响了家长参与合作的主动性和积极性。

针对以上分析，为了让家园共育取得实效，教师可以采取以下方式。

1. 开展多样化的家园合作

教师可以引导家长通过参与多种形式的家园互动活动，帮助他们了解幼儿园的生活常规与作息制度，家园形成合力，促进幼儿良好生活习惯的养成。

（1）建立家园联系表。 家园联系表在幼儿的行为习惯培养方面对家长提出了一些具体的要求。教师应要求家长督促幼儿严格执行，积极鼓励有进步的幼儿，逐步帮助他们养成良好的行为习惯。

教师可以根据幼儿的年龄特点和普遍存在的问题，在家园联系表中设立具体的内容，如早起早睡、独立进餐、礼貌待人、自我服务、健康饮食、卫生习惯等（见下表）。必要时，教师可以在每项内容旁边画上图示，便于幼儿进行自我评价。家长每天坚持记录，教师在每周五下午进行总结。对于在某些方面有明显进步的幼儿，教师要进行表扬，以激发幼儿积极向上的愿望。

时间 等级 内容	周一			周二			周三			周四			周五		
	真棒	有进步	要加油	真棒	有进步	要加油	真棒	有进步	要加油	真棒	有进步	要加油	真棒	有进步	要加油
早睡早起															
独立进餐															
礼貌待人															
自我服务															
健康饮食															
卫生习惯															
备注															

备注：在"备注"一栏里，家长可以写写当天孩子发生的有趣的事情。

（2）创设家教园地。家教园地是教师与家长之间进行沟通联系的专栏，是反映保教工作情况的一扇窗口，更是开展教育交流的一块园地。

教师可以在家教园地展示对家长有益的教育书刊和一些辅导材料，书写家庭教育的小常识，公布幼儿园的作息时间表、食谱、收费标准等，还可以粘贴一些幼儿集体活动的图片。家长可以根据自己的需要，有选择地进行重点学习和观赏。比如，当家长在家教园地看到"如何培养孩子的学习习惯"的内容时，可以根据自己孩子的学习情况和学习习惯，从中选择有效的方法。当然，家长若有更好的方法，也可以写下自己的建议或者和教师进行探讨。

（3）组织家教沙龙。家教沙龙也是一个不错的方法。教师可以利用家教沙龙组织家长围绕"如何培养幼儿形成良好的行为习惯"进行讨论。比如，在一次讨论中，小班家长建议班级里开展幼儿穿鞋子比赛，得到了大家的一致赞同。通过讨论，可以使那些事事处处为孩子着想，辛辛苦苦为孩子吃穿忙碌的家长了解到，在家里对幼儿进行劳动教育时，应该先让他们进行自我服务性劳动，教育幼儿自己的事自己做，如自己穿脱衣服，洗手绢等。其次，应该鼓励孩子为家人做一点事。比如，帮助爸爸妈妈拿拖鞋、摆放碗筷等。当然，家教沙龙的内容也可以是让有经验的家长谈谈教育幼儿的体会，或者是通过电教手段请家长观看幼儿礼仪和幼儿行为规范的录像，使家长真正了解到幼儿的良好行为习惯究竟有哪些内容，指导家长使用科学的育儿方法，循序渐进地帮助幼儿逐步养成良好的行为习惯。

培养幼儿的行为习惯，除了以上合作方式外，教师或幼儿园还可以组织家长开放日活动、家庭教育讲座等。家园合作的方式会随着教育环境与形式的变化而变化。作为幼儿教育工作者，教师要根据工作开展的情况不断地总结，不断地调整，使家园合作逐渐步入理想的境界。

2. 发挥家长和教师的榜样作用

榜样的力量是无穷的,孩子越小,榜样的感染力越大。

(1)以身作则,发挥榜样示范作用。首先,父母一定要注意自己的一言一行,按时作息,有良好的日常生活习惯。比如,教育孩子要爱护环境,不随手乱丢垃圾,那么家长首先应该做到。其次,教师在幼儿园一日活动中,也要树立典范。比如,操作活动结束后,顺手把自己的教具收拾好。

(2)尊重幼儿的人格,以正面教育为主。对于幼儿的正确行为,教师应给予积极的评价,以增强他们的自尊和自信,促进他们良好的行为习惯的养成。比如,"你帮小朋友扣了扣子,真能干!""小手洗得这么干净,真是讲卫生的好孩子!"等等。

举一反三

针对案例中皓皓的情况,如果你是班级教师,你会如何与家长沟通呢?

(浙江省宁波市江北区中心幼儿园 杜漫丽)

难题24　如何指导家长参加亲子活动

引言

《纲要》指出:"家庭是幼儿园重要的合作伙伴。"亲子活动是开展家园共育的重要方式之一。它是一种以亲缘关系为基础,建构良好的亲子互动关系,实施亲情影响的有目的、有计划的教育活动,也是家长了解幼儿在幼儿园生活的重要途径。

案例

每年的9月份开学前,某幼儿园都会组织一次亲子同乐活动,让小班幼儿来园熟悉环境、教师和同伴,让家长们初步了解幼儿园的生活,为新生顺利度过入园适应期做准备。

这天,孩子们在家长的陪同下陆陆续续来到了苗苗班(小班)。在教师的组织下,家长带领孩子认识了自己的标记、座位和床位。喝完豆浆,亲子同乐活动正式开始,教师精心安排了丰富多彩的游戏活动。首先,是一个美术游戏"变魔术"。教师鼓励幼儿用白色油画棒在白纸上随意画出自己想画的物品,然后用彩色的颜料刷上去,运用水油不相融的特性显现出幼儿所画的作品。大多数家长在一旁认真地用语言提醒着孩子,有的家长还能及时和孩子沟通,问问孩子画了什么,能及时给予孩子肯定的评价。文文妈妈看了孩子的作品,问道:"你这几条横线画的是什么呀?"文文很认真地回答:"我画的是小桥呀。"文文妈妈立马否定说:"小桥啊?一点都不像。你看看人家画的太阳,圆圆的多像啊!"文文扭头看看其他孩子的画,不说话了。林老师刚巧听到了母女俩的对话,连忙走过来看着文文的画说:"哇,文文画的是桥吗?这么长的一座桥呀,真漂亮!这桥下的是什么呀?"文文感觉老师能看懂她的画,一下子打开了话匣子,卖力地介绍着自己的"大作"。

紧接着就是户外游戏了,教师设计了亲子游戏"圈住你的爱"。家长们好似回到了童年,与孩子们一起快乐地游戏着。唯独宁宁爸爸有些心不在焉,他不停地接打电话,到后来甚至拜托保育教师帮忙照顾宁宁,做宁宁的游戏合作伙伴。

分析

上述案例反映了家长参加亲子活动与教师指导亲子活动存在的问题。

1. 家长参加亲子活动存在的问题

一般,幼儿园会定期举办丰富多彩的亲子活动,如亲子运动会、亲子时装秀、亲子家教沙龙、家长半日活动开放、亲子社会实践、亲子春(秋)游等。要有效地开展一次亲子活动,不但需要家长的支持,更需要家长理解亲子活动的意义,使家长真正成为幼儿活动的合作者与支持者。

上述案例中的两位家长,是教师在组织亲子活动时经常遇到的两类家长。他们在活动中的表现,反映了他们在参加亲子活动时存在的两大问题。

(1)没有理解参加亲子活动的目的。教师在开学前组织亲子同乐活动,意在让新生熟悉幼儿园环境、教师和同伴,希望能够在正式开学后让孩子们尽快适应幼儿园的集体生活。上述案例中的宁宁爸爸忙于工作而疏忽孩子,没有让第一次参加集体活动的宁宁很好地融入集体,感受集体游戏带来的乐趣,从而产生对集体生活的期盼。

（2）没能尊重孩子，亲子关系不平等。亲子活动是家长走进孩子内心的捷径，通过游戏、活动、合作，建立彼此的信赖感，逐步建立平等的亲子关系。上述案例中，文文满心期待想要得到妈妈的肯定，却被妈妈的"一盆冷水"浇满全身，感到非常挫败。

2. 教师指导亲子活动存在的问题

形式多样、丰富多彩的亲子活动不仅能拉近家长与教师、家长与家长之间的距离，而且还能给家长与孩子创设互相交流、互相学习的机会，使孩子在浓浓的亲情中感受学习的乐趣。因此，教师在组织亲子活动时不仅要关注孩子，还要关注家长，指导与协助家长成为一名优秀的"家庭教师"。然而上述案例中，教师却没能做到这一点。

（1）关注了孩子而忽略了家长指导。上述案例中，在察觉到文文妈妈与孩子的对话存在问题后，教师能够安抚孩子，调动孩子的积极性，让孩子重拾信心，是非常好的。但是，她没能及时指导文文妈妈在表达自己的想法的同时不伤害孩子的自尊心，不抹杀孩子的创造力和想象力。

（2）对于亲子活动的细节考虑不周全。上述案例中，宁宁爸爸之所以在活动中表现得心不在焉，也与教师对亲子活动细节考虑不周全有关。如果教师在举行亲子同乐活动前，能够向家长们详细介绍本次活动的目的、意义及所需要配合的事项，那么家长的参与性、有效性就会大大增强。

破解策略

亲子活动形式多样，但无论是何种形式，家长对孩子的指导是关键。教师要指导家长有效地参与亲子活动，提升孩子的能力，增进亲子间的情感。

1. 宣传科学的育儿知识，帮助家长了解参加亲子活动的目的

教师应运用多种途径宣传科学的育儿知识，如QQ、校园论坛、家园联系栏、家教沙龙、家长会、面谈等，帮助家长了解孩子的心理、生理特点及能力发展。然后请家长观察日常生活中的孩子，了解孩子的兴趣，注意孩子的需求，以尊重孩子为基础，建立平等的亲子关系。

从上述案例中文文妈妈与孩子的对话可以看出，文文妈妈采用的是重智力开发轻情感培养，重知识学习轻能力培养的教养方式。这种落后的教养方式在家长中是普遍存在的。教师应该让家长明确地认识到在亲子活动过程中，除了发展孩子的认知，培养孩子的个性以外，亲子之间的情感交流应该成为游戏的最重要目的，孩子在游戏过程中获得的良好的情感体验是其成长、发展的基础。在活动中，家长应该通过和孩子一起尝试、体验、动手操作等，激发孩子的好奇心和探究欲，培养孩子的能力，增加亲子间的感情。

2. 精心策划亲子活动，为家长提供多种指导方式

亲子活动的选择应从孩子和家长的需求出发，结合季节特点和幼儿园近期的教育主题等进行。活动内容应具有趣味性，能够真正吸引家长和孩子参加。在亲子活动开展前，教师可以组织家长代表开一个小型家长会，以便更好地了解家长们的需求，让他们参与活动的策划。亲子活动方案确定后，要提前告知家长们活动的时间及内容，方便家长们安排好工作，全身心投入到亲子活动中来。

亲子活动开展过程中，教师不仅要关注孩子的发展，更要关注家长在活动中对孩子的指导。教师要适时地给予家长一定的提示和指导，尤其是在亲子沟通中，要让家长转换行为和引导语，形成亲子间的和谐互动。比如，针对上述案例中文文妈妈的不当言语，教师发现后应及时与文文妈妈沟通，建议她换一种表达方式，多给孩子鼓励，增强孩子的自信心。

亲子活动后，教师可以让家长填写一张"活动评价表"，指导家长学会观察、记录、反思自己与孩子在活动中的点点滴滴，提供延伸指导，加强家园联系，做到有效指导家长。

3. 利用家长资源，调动家长参加亲子活动的主动性

亲子活动中，教师要善于发现家长的特长，这样以后在组织类似活动时就可以邀请他们参与进来。比如，有的家长组织能力强，可以邀请他们参与亲子活动的策划和组织；有的家长画画特别好，可以邀请他们制作亲子活动海报；有的家长对于幼儿的心理特别了解，可以邀请他们做一场相关的讲座，与其他家长分享经验，等等。通过这种方式，可以把家长们在亲子活动中的被动参与变为主动参与。

举一反三

案例中文文妈妈在亲子活动中，将自己孩子的作品与其他孩子的作品进行了横向比较。如果你是指导教师，你会如何与文文妈妈进行沟通？

(浙江省宁波市海曙区早教中心　钱珍)

难题 25 如何让"教育慢热型"家长成为家庭教育的能手

引言

随着现在的幼儿家长越来越年轻化,大多数家长不愿意陪伴孩子,将孩子交给祖辈家长教养,甚至是直接扔给保姆。尤其是小中班幼儿的家长,一个学期里,教师与他们交流的次数屈指可数。直到大班,面临幼小衔接了,这类家长开始横向比较自己孩子的发展水平和其他孩子的发展水平,开始着急在孩子的教育问题上起步晚了,常常带着"我的孩子是不是没救了"这样的问题,与教师交流。对于这种"教育慢热型"的家长,教师如果不及时干预其家庭教育,引起其重视,不但会影响孩子的发展,也会造成家长在以后教养过程中的压力。

案例

大班的清清妈妈,之前是家庭教育中的"甩手掌柜"。她漂亮干练,自己经营着一家服装加工厂,因为工作忙碌,女儿清清自出生起就交由保姆看管,小中班都是由保姆接送。直到大班时,因为保姆辞职,清清妈妈才开始"接管"孩子。初带孩子,她有着充沛的精力和满心的好奇、欢喜,但是日子一长,愁云开始爬上眉梢。

关于带孩子的烦恼,清清妈妈不断地通过面谈、论坛、电话等方式向班级教师倾诉。

案例 1

时间已经是上午九点多了,清清妈妈满脸歉意地推着孩子走进教室,拉着教师诉起了苦:"老师,叫清清起床怎么就这么难呀!她一睁开眼就知道捧着一本书看,我要从八点一直叫到八点半,她才慢吞吞地起来,还要我帮她穿衣服,她吃早饭也不着急。你说说,这孩子怎么就一点没遗传我的急性子呀?"

案例2

周日亲子活动时,清清妈妈描述了周六清清在少年宫学习跳舞的情况:"一堂课上,我看她眼睛看着老师的时间加起来顶多只有五分钟,其余的时间她拉了七次裙子,抠了三次鼻子,盯着旁边的椅子三分钟,玩纽扣六次。天啊,我完全可以想象清清在幼儿园上课时的情景,根本没有学习效率!"

案例3

深夜,在班级论坛上,清清妈妈发帖说:"我快崩溃了!今天我本来要去上海出差,结果她爸爸刚好又有事情,清清只好跟着我了。早上七点的火车,我五点起床,好容易拖清清起来,她开始慢条斯理地穿衣服、穿鞋。她光刷牙就用了半个小时,中途我催了她六次。任由我在旁边歇斯底里大声叫喊,她一直保持漠然的表情,一概不予理睬,结果等我们出门都六点三刻了,火车也没赶上。"

 分析

1. 家长在与孩子的相处中为什么会手忙脚乱呢

家长总是怪孩子跟不上自己的脚步,感觉自己带的就是"熊孩子"。

殊不知，孩子的表现与家长自身有着紧密的联系。

从这些"教育慢热型"家长介入家庭教育的时机来看，我们可以发现以下三个问题。

（1）**对孩子的关注少，不够了解自己的孩子**。由于没有从小陪伴自己的孩子，和孩子之间的交流更是少之又少，对于孩子的性格、爱好、发展水平等知之甚少，所以这些家长自己带孩子时，只要孩子跟不上自己的步调，就会责怪孩子："怎么这么笨啊，这个也不会！""怎么这么顽皮，你是破坏大王吗？"对于孩子来说，这样的责备，并不会起到警示的作用；相反，他们会觉得得到了父母的关注，让"破坏力"更加升级。

（2）**错过了幼儿能力培养的关键时机**。正是因为缺少陪伴和关注，许多家长错过了孩子许多个第一次，有的甚至还剥夺了孩子的第一次。比如，孩子第一次自己吃饭，第一次自己穿衣服，第一次学着叠袜子，第一次想要帮爸爸妈妈做家务……这些往往是培养幼儿良好行为习惯的关键时机，但是家长错过了。

（3）**缺乏适宜的家庭教育方法**。这部分年轻的父母会利用百度等搜索引擎查找家庭教育的名言和做法，但是这些并不一定适合自己的孩子，因此常常会出现理论与实际脱节的情况，收效甚微。

2. 教师对"教育慢热型"家长的放之任之

幼儿教师在对待这些家长时，也多会采用放之任之的态度。

（1）**沟通交流少，无大事、急事不交流**。对于"教育慢热型"的家长，教师通常会选择自动远离，你不来找我，我也不去烦你，无大事不沟通，无急事不交流。他们单靠几句评语概括孩子在幼儿园的表现，不真实、不具象，没有把孩子真实存在的问题尽早向家长反映。

（2）**不主动向家长传递适宜的家庭教育方法。**上述案例中的清清妈妈，在带孩子的过程中发现了很多问题，但是她的眼睛只盯着事件的结果，忽略了对孩子行为细节的观察。因此，教师应该主动与这类家长交流，指导其关注孩子，共同探讨教育的方法。

针对以上分析，结合案例，教师应首先安抚家长焦急的情绪，告诉她教育不分早晚，只要重视，就没有解决不了的问题。其次，应教给家长正确处理的方法，并随时跟进反馈，具体做法如下。

1. 对孩子的表现进行个案观察，并将观察方法告知家长，与家长共同积累个案素材

下面是教师对清清所做的观察记录片段。

片段一

午睡起床了，其他孩子都陆续穿好衣服、叠好被子，速度快的孩子已经开始吃点心了，可此时的清清只穿了一件毛衣坐在床上，一动不动。教师提醒她："清清，快点，大家都在吃点心了！"她朝教师看了看，依然慢吞吞地。最后，保育员教师亲自在旁边督促，她才总算穿好了出来。

片段二

今天的午饭是两菜一汤加米饭，因为清清的饭量本来就不大，加上她动作慢，所以教师给她盛的并不多，但是她依然是最后一名。

片断三

计算活动结束了，教师布置了练习题，请孩子们赶快做完，然后就

能参加户外活动了。早完成就能早点出去玩，这对孩子来说是很大的诱惑。但是对于清清来说，玩似乎引不起她的兴趣，只见她磨磨蹭蹭，等其他孩子都出去玩了，她一个人还在做。教师把她的练习题收上来一看，居然才完成了一道。教师以为她不会做，结果详细询问后发现，其实她是会做的。

2. 和家长共同剖析诊断孩子存在的问题

教师一般可以从孩子的个性、成长环境、特殊事件影响等因素入手，和家长一起分析孩子存在的问题。根据教师和家长的观察分析，清清无论做什么事都比其他小朋友慢一拍，属于"拖拉症"问题严重的一类孩子。孩子做事拖拉的原因有很多种，如注意力不集中、缺乏兴趣、依赖性过强等；也有一些孩子是天生如此。根据清清的家庭抚养状况及孩子的性格来看，清清拖拉的原因有以下几点。

（1）**性格原因**。清清的性格内向、安静，加上她曾有一年时间没上幼儿园，在社会性发展上落后于其他幼儿，导致了她的不合群和明显比其他人"慢一拍"。

（2）**自理能力差**。清清从小由保姆带大，衣来伸手，饭来张口，任何事情都有人包办，所以依赖性较强，在自理能力上达不到大班的要求。而过多的依赖，让清清做什么事情都没有自信。

（3）**家长本身的"榜样"起到的反作用**。清清的父母均从事外贸生意，本身的作息就不正常，经常熬夜，直接导致早上赖床。长此以往，这也逐渐成为清清的生物钟。

（4）**对事物缺乏兴趣**。清清也并不是做任何事注意力都很容易分散，比如，她能安静地看书长达两三个小时。这说明清清只对自己感兴趣的事情显示出她的毅力。

（5）没有形成时间观念。对于清清来说，她还没有形成时间观念，让她自己安排管理时间那就更不可能了。

3. 针对孩子的"问题行为"，教师要给予专业且具体的指导

针对以上分析，教师可以向清清妈妈提出以下建议。

（1）和孩子比赛，增强孩子的时间观念。妈妈要多和她一起活动，并通过比赛的方式，鼓励她超越妈妈。这样，一方面能促进她对时间的理解，另一方面能增强她的自信心。

（2）给孩子制订一个时间进度表。这样做任何事情，她都会按照规定的时间去完成。当然，刚开始她可能还是很慢，所以妈妈可以采取循序渐进的办法，根据清清完成任务的进度状况，逐渐缩短规定的时间。

（3）如果没有十分紧急的情况，不要让保姆来带孩子。鉴于清清妈妈的工作比较繁忙，可以建议她尝试"一举多得"的做法，即尽可能地把工作、休闲、锻炼身体、教育孩子等有机地协调起来，这样无形中增加了可以利用的时间。

当然，这样的交流一次两次是远远不够的。"教育慢热型"的家长对于家庭教育的热度常常是"三天打鱼，两天晒网"，作为教师应积极主动地与其交流后续的情况，并且根据家长的反馈，继续提供指导策略，让家长对幼儿的关注、对家庭教育的重视维持一定的热度，这对孩子的持续发展是有好处的。

4. 尽早采取措施，减少"教育慢热型"家长的出现

（1）指导家长学会观察孩子。教师应积极开展家长开放日活动，邀请家长走进幼儿园，参与到孩子的活动中来，观察孩子在活动中的表现；鼓励家长用相机或笔记录孩子在家的表现，共同发现孩子身上的问题。

（2）宣传优秀的教育方法。教师可以利用家长学校、家长会、微信等平台，将优秀的教育理念和教育方法分享给家长。

（3）分享家长的教育个案。教师可以开展家长工作坊活动，邀请个别家长就自家孩子某方面培养的方法与其他家长分享，并引起"慢热型"家长的共鸣，使他们参与讨论，引发思考，产生教育行为跟进的意愿。

（4）带领家长参加幼儿园和班级的教育活动。幼儿园和班级可以开展家长助教活动，让家长参与幼儿园和班级的教育活动，让他们有机会了解幼儿园的教育理念和自己的孩子，激发他们的教育热情。

举一反三

如果你遇上这样后知后觉的家长，你是会在她开始重视孩子的教育问题之前就进行交流，还是会在她开始着急孩子的教育问题的时候进行指导呢？

（浙江省宁波市海曙区中原艺术幼儿园　梅煜琛）

第二章 家庭教育的指导 149

难题 26 如何指导新生家长帮助孩子度过入园焦虑期

 引言

3—5岁正是幼儿形成依恋的一个高峰期。依恋是亲子关系的高度发展，入园则让这种亲子关系有了暂时的分离。孩子初次来园，面对陌生的环境，他们多多少少会产生恐惧心理和种种的不适应，有时会哭闹不止。现如今的幼儿家长自身素质普遍较高，会通过网络、书籍学习一定的科学育儿知识。为了帮助孩子尽快适应幼儿园的生活，在入园前他们就有意识地开始训练孩子各方面的能力，但有时家长的某些言行可能会帮倒忙，使孩子对上幼儿园产生抵触心理。

 案例

案例 1

开学已经一个月了，晓晓的分离焦虑还是没有得到缓解。每天早上，她都是哭着踏进教室的。这天下午放学后，晓晓妈妈找到教师说："老师，我们晓晓每天上幼儿园都要哭，给你们添麻烦了！""没关系！其实晓晓是个很棒的孩子，只要家长坚持每天送她来幼儿园，过一段时间她就不哭了。""我们肯定配合，就是她外婆每天看见她这样很心疼，晓晓哭，她也哭。"教师听了晓晓妈妈的话，终于明白问题出在哪里了。

案例 2

开学初的一天，教师正在热情地与离园的孩子说再见，闹闹奶奶牵着闹闹的手走过来，问："老师，闹闹在幼儿园是不是都不午睡呀？每天

接回家,他不到六点就吵着说困死了,要睡觉。"教师想了想,的确闹闹午睡时入睡都特别迟,经常是快要起床了,他才睡着,所以他每次都睡不了多长时间。通过和闹闹奶奶的交谈,教师了解到闹闹在家午睡的时间是下午两点半左右。虽然教师在家访时告知了幼儿园的作息时间,但家长并没有在意,没有将闹闹的作息时间进行调整。

案例3

新学期开学前,王老师和搭班教师去了辉辉家家访。辉辉一看见教师,就赶忙躲到奶奶身后,嘬着小嘴说:"我不去幼儿园,我不去幼儿园。"辉辉妈妈一脸尴尬,她告诉教师辉辉一直是由奶奶带着,他平日里都是饭来张口、衣来伸手,而且脾气很倔。这不,辉辉马上就要上幼儿园了,为了锻炼他基本的自理能力,大人们开了一次家庭会议,明确要求大人们尽量不要包办,要让辉辉试着自己来。吃饭时间,妈妈把辉辉抱到饭桌旁,对他说:"辉辉,你马上就要上幼儿园了,从现在开始要学着自己吃饭了。"一开始辉辉自己吃了两口,之后不管妈妈如何哄,辉辉就是不肯动手。最后,妈妈发火了,说:"幼儿园里没人会喂你吃饭的,别的小朋友都是自己吃饭,你这个样子,老师肯定会批评你、不喜欢你的。"学习穿脱衣服时,妈妈也会说:"你这么懒,幼儿园的小朋友肯定会笑话你。"只要碰到辉辉不愿意自己的事情自己做时,妈妈都会这么说。久而久之,辉辉对教师和幼儿园产生了畏惧情绪,也就有了开头的那一幕。

 **分析**

从上述三个案例可以看出,家长在孩子入园问题上存在着不少问题。

1. 家长自身的焦虑情绪影响着孩子

初次入园，孩子和家长彼此第一次分开，不只孩子会有分离焦虑，家长也会有。孩子虽小，但对家长的情绪变化十分敏感，家长的不良情绪随时会影响到他们。上述案例 1 中的晓晓，就是受到外婆焦虑情绪的感染，入园一个月了还不能适应幼儿园的生活。

2. 家长没有帮助孩子养成良好的作息习惯

入园前的作息习惯培养，是教师在进行家访时重点强调的内容，可以帮助幼儿尽快适应幼儿园的生活。上述案例 2 中的闹闹就是因为在家的作息时间与幼儿园的不一致，导致午睡睡不醒，天没黑就睡着了，不利于身体的生长发育。

3. 家长不适当的言行加剧孩子的焦虑情绪

俗话说，"爱之深，责之切"。上述案例 3 中的辉辉妈妈具备一定的育儿知识，为了帮助辉辉更好地适应幼儿园的生活，入园前她开始有意识地培养辉辉的自理能力。但在培养的过程中，她用幼儿园的老师、同伴来吓唬孩子，让辉辉觉得幼儿园是个可怕的地方，从而加剧了辉辉的入园焦虑。

 **破解策略**

针对以上分析，教师可以采取以下措施指导家长帮助幼儿缓解分离焦虑。

1. 家园及时沟通，减轻家长的焦虑情绪

造成家长产生分离焦虑的原因有很多，其中最主要的原因就是家长对幼儿园、对教师还没有建立信任感，担心孩子在幼儿园得不到悉心的照顾。这时就需要家园进行及时且有效的沟通。比如，教师可以利用入园前的家访，与家长分享育儿经验，并让家长了解幼儿园的教育教学理念和为了缓解幼儿的分离焦虑所采取的措施，获得家长的理解、认可。当教师与家长之间建立了信任后，就可以有效地缓解家长的分离焦虑了。只有家长自己调整好情绪，才能传递给幼儿积极的心态，帮助幼儿去适应新环境。

2. 正确引导家长，为孩子适应新环境增添助力

（1）**带领孩子提前熟悉幼儿园的教师和环境。** 入园前，家长可以带着孩子去幼儿园走走玩玩，熟悉幼儿园的环境；让孩子看看幼儿园内的各种玩具，并在家长的陪同下玩玩滑梯、骑骑木马；带领孩子去他自己的班级和他自己的老师做做游戏，消除陌生感。同时，家长可在家里帮助孩子进一步认识、了解幼儿园，多给孩子讲述一些有关幼儿园的趣事，让孩子明白幼儿园很好玩，老师会像妈妈一样照顾自己。

（2）**培养孩子基本的自理能力。** 在入园前的两三个月，家长应加强对幼儿生活自理能力的培养，如吃、喝、拉、撒、睡等。孩子能自己做的事情尽量让他自己来完成。比如，让孩子自己用小勺吃饭，自己喝水，自己穿脱简单的衣裤，帮助孩子建立自信；同时，要调整孩子在家的作息时间，使之与幼儿园的保持一致，这样会帮助孩子更快地适应幼儿园的生活。

（3）引导孩子用正确的方式和同伴交往。现在大多数孩子是独生子女，自我意识强烈，同伴之间不会互相谦让。因此，家长应创造条件让孩子与同伴进行交往，让孩子在交往中知道哪些是对的、哪些是错的，提高孩子的交往能力，让孩子学会和别人相处。同时，在日常生活中，家长要多带孩子出去走走，鼓励他主动和他人进行交流，避免因语言障碍影响入园后的生活，为过集体生活做好准备。

3.关注孩子的心理，了解孩子的心理感受

入园后家长每天接孩子回家的时候，可以问问他："今天你快乐吗？""你的好朋友是谁？""今天有什么有趣的事情发生？""和小朋友做了什么游戏？""明天幼儿园有什么活动吗？"……及时了解孩子的心理感受；同时，这样的问题会让孩子对自己的行为有所感触，对今后的幼儿园生活产生向往。

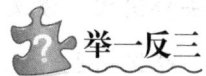

针对案例1中晓晓哭，外婆也哭的情况，如果你是晓晓的老师，你会如何与她外婆进行沟通呢？

（浙江省宁波市第二幼儿园　徐雯倩）

难题 27 二孩来临后，如何指导家长正确对待两个孩子的相处问题

引言

随着国家允许一对夫妇可生育两个孩子的政策实施，越来越多的父母的二孩梦变得触手可及。现在不少"80后"父母选择了生育二孩，但他们本身就是独生子女，却要养育两个孩子，当面对两个孩子相处的一些琐事时，许多无奈接踵而来。

案例

哥哥郑俊文今年5岁，妹妹郑欣怡今年3岁，分别在某所幼儿园的大班和小班就读。一天离园时，郑太太接了欣怡后接着去接俊文。俊文见到妈妈兴奋地喊着："妈妈抱抱，今天我没有偷吃零食，吃饭前也洗手了，还学会了折纸青蛙，不信你问问老师！"没等妈妈开口，欣怡就着急地说："妈妈抱我，我也洗手了，我还学会了唱《小蜜蜂》。""今天我见到你哭鼻子了，你一点儿也不乖。"俊文马上反驳道。"我见到你欺负强强了。"欣怡也不示弱。"好了，你们都是乖孩子，都不要做坏孩子。"妈妈无奈地对教师笑笑。教师与她仔细沟通后得知，这段时间，兄妹俩在家里总是你争我夺，甚至会贬低对方以获得爸爸妈妈称赞和宠爱，尤其是俊文不懂得礼让妹妹，俊文妈妈希望教师能帮着纠正一下俊文的这种争宠行为。

分析

很多孩子都会因为弟弟或妹妹的出生而感到恐慌、嫉妒，因为原本属于自己的爸爸妈妈，现在分了一半给弟弟或妹妹了。

实际上，就算没有第二个孩子，越长越大的孩子也会像嫉妒弟弟或妹妹一样，嫉妒父母的工作、朋友，甚至是电话——这些人和事占据了父母的时间，影响了父母对他的关爱。孩子表面上是嫉妒、讨厌弟弟或妹妹，实际是想确认父母依然爱自己，而且这种爱不会因为弟弟或妹妹的到来而减少。如果这个时候父母给予孩子肯定的回答，并帮助他形成"我值得人爱"的内心信念，那么每个孩子都可以顺利地度过弟弟或妹妹出生带给他们的心理冲击。

破解策略

针对以上分析，在指导家长正确地对待两个孩子相处的问题时，教师可以采取以下措施。

1. 进行爱的点播

进行爱的点播就是给孩子以爱的教育，在孩子心中播下爱的种子，让孩子感受到爱的存在，并学会付出爱。比如，上述案例中教师这样问俊文："你觉得妹妹好不好？""老师，欣怡就是一个不爱干净的孩子，她吃东西前从来不洗手，妈妈说了她也记不住，我每次都会洗呢！""你和欣怡谁的年纪更大？"教师接着问道。"当然是我了。"俊文很讶异地看着教师，仿佛教师问了一个很愚蠢的问题。"欣怡年纪小，贪玩，不懂事，作为哥哥要是能经常提醒一下妹妹就好了。"俊文听后低下了头。"老师觉得肯定是因为妹妹比较矮，够不到洗手盆。而俊文比较高，所以当

爸爸妈妈、老师不在身边时，高个子哥哥是不是该做个小家长，自觉担负起照顾年幼妹妹的责任，帮助妹妹洗洗小手呢？你还记得老师跟你讲的'父母不在，长兄如父，妹妹就是你的小棉袄'的故事吗？"在教师一连串的追问下，俊文的小脸涨得通红。"可是欣怡总是哭，还让妈妈抱。""那俊文就给妹妹做个好榜样，做个不哭闹的好孩子怎么样？"俊文慢慢点了下头。

2. 进行爱的引导

进行爱的引导就是巧妙地运用一些具体的方法，唤醒埋藏在孩子内心深处的爱，教会他们正确对待事件，用爱的方式表达。比如，上述案例中，教师受俊文妈妈的委托，时刻注意着俊文的表现，抓住一切机会纠正俊文兄妹的争宠行为。在一次幼儿园活动中，活动的主题是午睡后大班幼儿帮助小班幼儿穿衣服。教师第一时间想到了俊文和欣怡兄妹，她和小班的教师商量了一下，把他们兄妹分到了一组。俊文看到自己的搭档居然是妹妹，愣了好一会儿，说："欣怡，过来，给你穿衣服。""哦！"欣怡也很惊奇。"来，伸伸手……对，转过来……好的，穿好了。"活动中俊文第一个完成了任务，教师竖起大拇指夸奖了俊文："俊文，你真棒！你太厉害了，真能干！"

下午离园时，教师当着孩子们的面，向俊文的妈妈介绍了当天活动的情况，表扬了俊文的出色表现。俊文妈妈摸着两个孩子的头说："我们的'小皇帝'居然也能帮妹妹穿衣服了，我们家的'小公主'也表现得不错，和哥哥配合得很好，很有默契啊！"两个孩子听到妈妈的表扬，高兴坏了。慢慢地，随着类似活动的不断开展，俊文懂得了：和妹妹互相爱护及协作，不仅能得到妈妈一样多的爱，还能收获来自妹妹的崇拜。

3. 进行爱的分工

教师可以建议家长在家中安排活动或者任务时尽量让两个孩子一起完成,让他们中的任何一个都不会产生被忽视的感觉。在合作中,两个孩子自然就会为了共同的目标设身处地地为对方着想,一起享受成功的表扬,一起承担失败的批评。慢慢地,这种争宠的行为自然就消失了。比如,上述案例中,教师可以建议俊文妈妈在家里对孩子进行分工。比如,俊文择菜,欣怡洗菜;俊文打扫卫生,欣怡倒垃圾……两个孩子互有侧重却又紧密相连,一荣俱荣,一损俱损。

如果班里有幼儿因为弟弟或妹妹的出生表现得焦虑不安,你会如何与其家长沟通,以帮助幼儿缓解呢?

(浙江省宁波市第二幼儿园　庄若文)

第三章

家园矛盾冲突的化解

难题 28　如何应对家长提出的无理要求

引言

家长工作开展的成败直接影响着班级工作开展的效果。班级中，有的家长对于幼儿园的任何活动都积极响应，热情参与。有的家长却总是百般挑剔，甚至提出一些无理的要求。对于那些无理的要求，如果教师不予理睬的话，家长就会认为教师不尊重他们，这样家长工作就更难开展了。如果满足了他们的要求，那么接下来他们可能还会提出无数个无理要求。而且，还有可能引起其他家长竞相模仿，给家长工作带来很大的阻碍。

案例

小班开学初，孩子的哭闹现象比较严重。小（一）班的王老师为了稳定孩子的情绪，激发孩子第二天来上幼儿园的积极性，每天放学前都会给每个幼儿戴上一朵小红花。一个星期过去了，王老师见孩子们的情绪稳定多了，就告诉他们以后一个星期发一次小红花，谁最能干，谁就能得到小红花。这天放学时，静静妈妈一看到孩子就问："你今天怎么没有小红花呀？是不是不听话呀？"静静看了看老师，没说什么。静静妈妈马上走到教师面前，非常不友善地问："老师，是不是我家静静今天不听话，所以没有小红花？"王老师连忙解释道："现在孩子们的情绪基本稳定了，所以我们打算一个星期发一次。今天不是因为静静不乖，是所有的孩子都没有小红花。"听了教师的解释，静静妈妈还是不依不饶，冲着教师说："我女儿看到小红花就开心，就喜欢来幼儿园了。要不以后老师每天都给静静戴一朵吧,这样她每天都不会哭了。"王老师向静静妈妈解释说:"小红花是激励孩子的一种手段,如果每天都发的话,就没多大意义了。"静静妈妈看教师态度那么坚决,就领着孩子气愤地离开了,嘴里还念叨着:"老师就是小气,一朵小红花而已。静静,妈妈晚上帮你买去。"

从那以后,静静妈妈就成了班级里的"挑别妈妈"。只要是幼儿园的事情,她就投反对票。而且,她总是会有这样那样的问题来为难教师。王老师觉得非常头疼,对她是避而远之,实在需要家长配合了,也是让孩子去传话,但基本上是达不到预期的效果的。

到了学期末,静静妈妈和王老师的关系依然非常尴尬。一次,王老师正在组织户外活动,静静妈妈领着孩子过来了,对王老师说:"冬天这么冷,还让孩子在外面玩,不把孩子冻死才怪。"王老师见是她,马上小心翼翼地解释:"不会的,孩子们在运动,会越玩越热的。"而静静妈妈完全不予理会,直接领着孩子往教室方向走,边走边说:"以后这么冷的天,我的孩子还是在教室里吧。"王老师见状没有办法,又怕孩子一个人在教室里有危险,只能打电话给配班教师,叫她看着点。

分析

随着社会经济的发展,加上现在的孩子多是独生子女,家长们总是尽自己所能给孩子最好的一切。有时候,家长这种疼爱孩子的做法会带来一些教育问题,他们会向教师提出一些不合理的要求。比如,上述案例中的静静妈妈因为担心孩子在外面进行户外活动受冻,执意将孩子带到教室里,却不知道户外活动对于孩子身心各方面发展的重要性。还有一些家长因为斤斤计较,以自我中心,也会向教师提出一些不合理的要求。在他们看来,教师为孩子所做的一切都是应该的。比如,上述案例中的静静妈妈觉得王老师不给静静小红花是因为小气,却没有理解教师从一天发一次小红花改为一个星期发一次小红花的原因。也正是因为这样的认知,静静妈妈在心里"记"下了王老师,在往后的班级活动中,为了争一口气,静静妈妈逐渐成为班级的"挑剔妈妈"。

上述案例中,教师的做法也存在不当之处。

(1) **一味地否定家长的要求。** 面对性格执拗的家长,对于他们提出的无理要求,如果教师一味地予以否定,反而会起到反作用。比如,上述案例中的静静妈妈提出要小红花的时候,王老师马上否定了静静妈妈的要求,虽然随后做出了解释,但是静静妈妈并不接受。所以对于这类家长,教师不应急于否定与解释,应该采用更为婉转的表达方式。

(2) **逃避与家长的沟通。** 面对家长提出的无理要求,如果教师没有积极思考应对的措施,而是选择逃避,也会在一定程度上助长家长对教师提出无理要求的次数。比如,上述案例中的王老师因为静静妈妈一开始提出的无理要求而感到烦恼,因此选择避开静静妈妈。当静静妈妈提出的要求没有得到教师的回应时,她会认为教师理亏,进而逐渐增加提无理要求的次数。而且,教师的有意回避会阻碍家园共育的脚步,不仅不利于教师开展工作,也不利于教师了解孩子与家长。

破解策略

针对以上分析,当家长提出无理要求时,教师应该做到以下几点。

1. 向家长宣传正确的教育理念,建立有效的家园同步教育

现在在"6+1"的家庭模式下,家里众多大人围绕着一个孩子转。但家长很少关注幼儿园里孩子与教师的比例,他们眼中只有自己的孩子,根本就没有发现自己提出的某些要求在集体条件下是不可能实现的。他们只会一味地埋怨教师对孩子照顾得不周全，不能满足他们的要求。这就需要教师通过各种形式，使家长了解到教师的工作是面向全体幼儿和全体家长的。比如，通过组织家长积极参加幼儿园的家长会，让家长认识到幼儿教师与幼儿家长各自的职责，向家长传达幼儿教育的正确理念。此外，教师还可以邀请家长参加各种班级活动。当活动的准备与举办都有家长付出的心血时，他们会更珍惜来之不易的活动，也更能感受到教师的辛苦。

比如，上述案例中的静静妈妈认为冬天在外面开展户外活动不适合，也不相信孩子在外面玩耍的时候会很开心，那么教师在组织户外活动时就可以邀请静静妈妈一起参加。这样，一来可以缓解教师与静静妈妈的尴尬关系；二来可以让静静妈妈主动发现教师组织活动的辛苦，理解幼儿户外活动的重要性。

有的时候，教师在家长面前解释千百个理由，都不如让家长亲自参与、亲身体验来得有效果。

2. 向家长仔细解释其中的利害关系

面对这类提出无理要求的家长，教师首先要耐下心来设身处地思考他们为什么会提出这些要求，他们的心理出发点是什么，自己是否可以用其他的办法来代替家长提出的无理要求，等等。

当教师弄明白家长的最终目的是为了孩子，并能从为了孩子的角度出发去应对家长提出的无理要求，那么家长可能会更容易接受，也会更信任教师。许多家长之所以提出不合理的要求，是因为他们不懂得如何科学育儿，或者不理解教师的初衷，而不是成心为难教师。所以，当教师向家长讲解清楚他们提出的要求对孩子有何不良影响之后，家长就很容易接受教师的建议。

上述案例中的王老师在解释"为什么一个星期只发一次小红花"时,如果能具体从静静的角度出发去解释问题,那么静静妈妈也许更能接受。比如,王老师可以对静静妈妈说:"如果静静每天不管表现得怎样,都能得到小红花。那么,在静静的心里,她就会渐渐轻视小红花,这样反而不利于静静的进步。相反,一个星期发一次小红花,能锻炼静静的坚持性。为了得到小红花,静静会在这一个星期更加努力表现,取得更大的进步。"

3. 勇敢地对待提出无理要求的家长

有些家长以传统的眼光看待幼儿教师的工作,认为幼儿教师其实就是"阿姨",认为家长提出的任何要求都应该得到满足,认为这些都是幼儿教师应该做的。对于这样的家长,教师的态度要不卑不亢,要让他们明白教师与家长是平等的合作关系。

另外,对于那些提出无理要求的家长,教师不能一味地忍让与逃避,因为一时的退让可能助长他们提出更多无理的要求。如果教师能勇敢地面对并认真地解释,不仅能获得家长的尊重,还能为今后的家长工作带来帮助。

比如,上述案例中的王老师因为头疼静静妈妈的做法,选择用逃避来解决问题。在不得不需要静静妈妈配合时,也只是让孩子来传达。但是因为孩子的年龄小,她的表达能力不强,理解问题也不全面,因此让她来传达,很有可能加深家长对教师的误会,导致家长对教师更加不信任。相反,如果王老师能够勇敢地面对静静妈妈,用她的专业知识与诚恳的心与静静妈妈沟通,那么将很有可能帮助静静妈妈辨别自己提出的要求是否合理。

第三章　家园矛盾冲突的化解 165

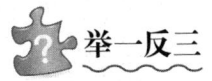举一反三

如果你的班级里有静静妈妈这样的家长，你会怎样应对？

(浙江省宁波市鄞州区章水镇中心幼儿园　应雪飞)

难题 29　家长不配合教师的工作，怎么办

引言

家庭是幼儿园重要的合作伙伴，幼儿园的工作从来离不开家长的配合与支持。从总体上来说，绝大多数家长对幼儿园及教师的工作是配合、支持的，特别是幼儿刚入园阶段。但随着时间的推移，也可能出现家长配合度下降的情况。分析这一情况产生的原因，并采取具有针对性的改进措施，对于改善家园关系及促进幼儿的全面健康发展，无疑具有重要的意义。

案例

新小班开学了，家长们跟孩子们一样很兴奋。他们第一次以家长的身份参与班级工作，热情很高。他们时刻关注着班级的QQ群、微信群等，对于教师提出的各种要求，包括准备孩子的换洗衣裤、餐巾纸，收集各种废旧物品等，都积极响应。

不久，教师发通知说："为了让孩子们亲近自然，观察植物的生长过程，班级要开辟田园式的自然角，请家长们与孩子一起用废旧材料制作花盆，用来种植易生长的植物。"通知一出，家长们纷纷开动脑筋，动手制作起来。有的用可乐瓶刷丙烯颜料制作了可爱的花盆，有的用麻绳缠绕酒瓶制作了艺术花盆，也有的裁剪洗衣液塑料瓶制作了简易的花盆……家长们集思广益的环保作品令班级的自然角充满了蓬勃的生机。

布置完自然角，对于教师而言，这个任务就算结束了，班级里还有很多工作要做。一两个月过去了，自然角由于疏于打理，植物有的枯萎

了，有的干死了，一片萧条。于是，教师对这些长势不佳的植物进行了清理，将淘汰的花盆都堆在幼儿园的垃圾桶里。结果，下午家长来接孩子时一眼就看到自己的"劳动成果"被丢弃了。

过了没多久，新年来临了。教师发动家长与孩子一起制作灯笼，但是这次家长们的参与热情没有以前高了，最后上交的灯笼的数量还不到班级幼儿人数的一半。按照传统做法，教师把家长们制作的各具特色的灯笼装饰在教室里。

转眼间，春天到了，又要根据"春天"的主题布置教室了。于是，这些灯笼被冷落、丢弃在教室的一角。教师又张罗起"春天"的教室环境布置了……只是这回教师发现积极参与的家长更少了。

 分析

有些幼儿家长有时不愿意配合教师的工作，不外乎以下三点原因：其一，家长对有些活动的意义不甚了解，认为这些活动是可有可无的，有的甚至认为是教师在给家长添麻烦；其二，有些家长工作忙，难有精力应付教师提出的要求。特别是教师过于频繁地要求家长配合这配合那时，会让家长产生厌烦和消极抵触情绪。再加上有些活动有一定的难度，令部分家长望而却步；其三，家长之前参与活动的成果不被重视，也会让家长的积极性受挫。比如，上述案例中家长与孩子一起制作的花盆、灯笼后来都被丢弃了，看到自己付出心血制作的成果不被重视，家长们的信心和参与的积极性受到严重打击。

 破解策略

针对以上分析，当家长不配合教师的工作时，教师应该采取以下措施。

1. 发现问题，及时反思

为什么家长配合教师工作的热情一再减少？察觉到家长的这一变化后，教师首先需要反思原因：是家长们认为活动没有意义？是活动有难度，让家长们无法配合？是活动太过频繁了，让家长们无暇应付？还是活动顺利开展之后，自己因为忙于其他工作而疏忽了对这个活动后期的跟进，从而挫伤了家长们的积极性？只有找准问题的症结所在，才能对症下药。比如，上述案例中的症结就在于家长的成果被教师用来解一时之需，教师忽视了后期对成果的维护，因此挫伤了家长参与活动的积极性。

2. 真诚沟通，消除误会

家园双方只有互相沟通，才能达成共识。教师平时要采取多种形式，如QQ、微信、家访、座谈会等，及时了解家长们的思想动态，避免高高在上、我行我素。对于不了解活动意义的家长，教师要避免简单的发号施令，要及时将活动开展的意义及理念传达给家长，让家长明白自己参与活动的重要性以及给孩子们带来的益处，消除他们怕麻烦的心理和厌倦情绪。需要家长们配合的工作，教师事先应征求他们的意见，以便确定更加科学合理的方案，特别是对需要家长配合的内容、难度、频次要有综合考量。

此外，家长们的职业、素质、能力是不一样的。比如，有的家长工作忙，平时空闲时间少；有的家长动手能力不强，不擅长小制作，等等。因此，教师还应考虑各类大大小小的活动是否有必要让全体家长全程参与。或许，有些活动可以让家长们参与策划，有些活动可以让家长们参与过程，而有些活动可以让家长们作为评价者来参与评价，提出改进的意见等。

总之，当家长误解教师的工作时，教师一定要换位思考，通过平等的对话,采取有效的策略来消除误会。

3. 及时改进,强化激励

加强与家长之间的沟通交流,在多多听取他们的意见和建议的同时,教师还要善于在制度层面探索家园配合的新途径,以此保证家长们对幼儿园工作的配合与支持。比如,每次活动结束后,教师要及时进行总结,对于那些配合工作做得好的家长,可以通过评比奖励的方法予以鼓励。学期或学年结束时,也可以通过适当的方式对配合工作做得好的家长予以表彰。这样,可以消除一部分家长无所谓的心理,促使更多的家长更好地支持、配合幼儿园的工作。

4. 后期维护,持续跟进

上述案例中,家长们参与精心布置的自然角,未得到教师的精心打理;而在植物枯萎之后,家长们费心制作的各类环保花盆又被直接丢弃。教师这种虎头蛇尾的做法确实存在不当之处,也就难怪家长们在之后的活动中出现消极情绪了。可见,要想让一个班级活动顺利开展,不仅要注意开头的组织,后期的维护及跟进也极为重要。只有尊重家长们的劳动成果,让他们产生成就感,才能促使他们以后更加积极主动地配合教师的工作。

 举一反三

如果班级要举办迎新联欢活动,需要家长参与活动的组织与表演工作,你作为班主任,该怎么做呢?

(浙江省宁波市第二幼儿园 周珊珊)

难题 30　家长只听孩子的一面之词而误解教师，怎么办

引言

在家长的眼中，自己的孩子永远是最好的。而且出于保护和溺爱的心理，他们觉得不能让自己的孩子受一点委屈，对孩子的话百分百相信。但是有时候孩子可能会因为各种各样的原因对家长撒谎，如果是对自己在幼儿园的所作所为撒谎，而家长又只听信孩子的一面之词的话，可能会对幼儿园或者教师产生误解，不利于家园工作的开展，也不利于幼儿的成长。

案例

小班的晨晨经常尿裤子，只要教师不提醒她，她就不去如厕，主动如厕的习惯较差。一天下午，大家在外面玩耍，晨晨突然停住了，原来她又尿裤子了。张老师走过去问她："晨晨，为什么老师提醒大家去小便的时候你不去呢？你自己想小便的时候，也可以去上厕所啊。"晨晨说："老师，我玩得太高兴了，忘记了。"张老师回应道："没关系，下次注意就可以了。等老师提醒你，你就赶紧去哦。"之后，张老师帮助晨晨换了干净的裤子。

晚上，张老师突然接到了晨晨爸爸的电话："张老师，晨晨为什么会尿裤子呢？她在家里从来没有尿过，她说是因为幼儿园的厕所太臭了，她不想上。你们的卫生间是怎么搞的？"张老师觉得很奇怪，说："每一天保育员都会打扫三次厕所，而且随时冲水加以消毒，不可能有味道呀！"在张老师解释了一番以后，晨晨爸爸气呼呼地说："你不用说了，你的意

思是晨晨说谎了？孩子这么小，怎么可能说谎。"张老师也觉得很奇怪，晨晨怎么会觉得厕所有味道呢？第二天，张老师问晨晨："晨晨，为什么你会和爸爸妈妈说幼儿园的厕所有味道呢？"晨晨低着头说："老师，我怕爸爸说我。"原来，有一次爸爸妈妈带晨晨去云南旅游，那里的厕所很脏，晨晨不愿意上，后来尿在裤子里了，结果被爸爸训斥了一顿。她把这个经验迁移了过来。

分析

幼儿说谎的行为是受多方面因素共同影响的，可分为主观和客观两个方面。主观因素包括幼儿认知不成熟，逃避惩罚的恐惧心理，取悦他人的虚荣心理等；客观因素包括模仿，父母或教师的教育方法不当，外界带来的不良影响等。

3—6岁幼儿的说谎行为，常见的有以下三种：

（1）**逃避型说谎**。有调查表明，有70%的幼儿说谎是为了逃避惩罚。上文中的晨晨，就是这种情况。在发生问题时只要把错误归咎于他人，就可以逃避责罚。长此以往，会使幼儿养成没有担当、不负责任的坏习惯。

（2）**想象型说谎**。幼儿常因把幻想和现实相混淆而以假当真。幼儿的思维，以具体形象为主，而其想象则具有夸张性和虚幻性特点。他们常常会即兴、随意地把自己听到的故事、看到的事物经过自己的想象加工套用到现实的人、事、物上，从而出现不真实的"谎言"。

（3）**虚荣型说谎**。虚荣心是一种追求虚表、盲目攀比的性格缺陷，也是因为对事物认知得不全面造成的。在幼儿园中，幼儿间经常会出现这样的对话："我家里有架大飞机。""我家的汽车是最好的。""老师肯定最喜欢我，不喜欢你们。"……然而，这些事都是不存在的。幼儿认识是

非的能力和自我控制能力较弱，不能抵制物质的诱惑，会出现不诚实的言行。一方面，这与家庭的成长氛围有一定关系，此类家庭将物质利益看得较重；另一方面，现在的孩子大都是独生子女，他们以自我为中心，而到了幼儿园这个大家庭之后，教师不会将关注点全部集中在某一个孩子身上，势必会使有些孩子产生抵触心理，因此这些孩子为了满足自己的虚荣心而出现上述对话。

当然，上述案例中，教师的做法也存在不妥之处。

1. 没能在离园时间与家长及时交流孩子当天的情况

上述案例中的晨晨是小班新生，我们常说小班孩子会有入园焦虑，新生家长也会有入园焦虑。因为要将自己的心肝宝贝交给陌生人看管，即使是自己精心挑选的幼儿园和老师，家长也会不放心。他们很想知道孩子在幼儿园的情况，也希望教师能多多关注自己的孩子。如果孩子遇到了问题，教师没有第一时间和家长进行沟通，反倒是家长来询问时才告知，那么在家园关系上教师就会处于比较被动的状态，家长会在主观上认为教师对自己孩子的关心和爱护程度不够。上述案例中晨晨的爸爸就是觉得孩子尿了裤子，教师也不和他们说，是不是不重视他们的孩子，把他们孩子的事情忘记了，由此对教师产生了排斥和不信任感，使得家园关系恶化。

2. 面对家长的质疑，教师的处理方法欠妥

上述案例中的晨晨爸爸在听完教师的解释后更生气了，说明教师并没有很好地掌握与家长沟通的技巧。在家长情绪比较激动的时候，教师首先要做的是安抚家长的情绪，让家长有认同感和归属感，不要让他们感觉教师和他们是站在对立面的；待家长情绪平静后再处理事情，而不

是一味地把自己撇清，把责任归咎于他人头上。

 **破解策略**

针对以上分析，当家长因孩子的一面之词而不相信教师时，教师应该采取以下措施。

1. 认真倾听家长的意见，坦诚相待

面对家长的不理解，教师应该有一个积极、冷静、坦诚的态度。教师应先认真倾听家长的倾诉，不急于反驳。之后，针对家长的疑问做出自己的解答。然后，向家长解释当天事情的经过及自己的处理方法，并反思不足。最后，和家长分析孩子说谎的原因，找出解决的对策。

比如，上述案例中在晨晨爸爸发泄完自己的情绪后，张老师可以心平气和地说："晨晨爸爸，幼儿园的卫生间干不干净，有没有味道，其实不只孩子可以感受得到，大人也可以感受得到。您什么时候有时间可以来幼儿园自己感受一下。如果您觉得不干净，可以直接告诉我们，我们在卫生方面会加强的。"事实胜于雄辩，晨晨爸爸在自己亲身感受以后应该会相信晨晨尿裤子是有别的原因的。

接下来，教师应放低姿态，从自身寻找问题。比如，张老师可以说："晨晨爸爸，首先我也有做得不到位的地方。虽然提醒了晨晨要如厕，但是没有一直跟着她，以后在这方面我会和保育员阿姨加强配合的。不过，如果能帮助孩子养成主动如厕的习惯，那就更好了。您说呢？"教师先从自身找原因，再要求家长在家配合教育，就不会给家长一种教师才是权威，在压制家长的感觉。

最后，教师应该寻找事情发生的根本原因。比如，张老师可以跟晨晨爸爸说："晨晨为什么会这么说呢？一定有她的原因。您可以在家问问晨晨，不过语气一定要温和啊。等晨晨来幼儿园后，我也会好好了解一下的。"当张老师了解到晨晨说谎是因为害怕被爸爸责备后，一定要与晨晨爸爸沟通，希望他能改变教育方法，一起帮助孩子克服这个问题。同时，告诉晨晨，大小便是正常的生理现象。教师这样做，既帮助了孩子，又让家长了解到自己的认真负责。

2. 关注幼儿的全面发展，赢得家长的信任

家长之所以相信孩子的一面之词，大多数情况下是因为对教师的不信任造成的。因此，教师要努力赢得家长的喜爱和信任。

有一部分教师在与家长沟通时，对于幼儿的进步往往一语带过，但是当幼儿犯了错误，却拉着家长说个没完。还有一部分教师平时不跟家长联系，一联系就反映孩子的不足之处。久而久之，家长就会觉得："为什么在你的眼里我的小孩子这么坏？你是不是不喜欢我的孩子？"如果教师可以多多关注孩子的点滴进步，并在日常的家园工作中及时告诉家长，让家长觉得原来自己的孩子在幼儿园里是那么棒，他不只会调皮捣蛋，还有很多可爱暖心的举动，那么家长会不会更愿意和教师分享及交流呢？

此外，教师平时要加强与家长的联系。比如，在孩子入园、离园时，和家长唠唠家常，彼此间谈谈孩子在园、在家发生的趣事。这样，一来可以了解和掌握更多的幼儿在家的情况，二来可以拉近教师和家长间的距离，让家长觉得与你交谈时身心愉悦，一举两得，何乐而不为呢？又如，教师可以采用纸片漂流的形式与家长互动。教师记录幼儿在园的表现，家长可以把反馈的意见和孩子在家的表现也写在上面，让每一位家长都觉得在教师的眼中自己的孩子是可爱的，即使有一点点不足也是没有关系的，教师会指导他采取正确的方法来改善。这样日积月累，相信

家长会逐渐信任教师的,这样也就不会轻易听信孩子的一面之词,遇到问题会懂得先与教师沟通,而不是兴师问罪。

3. 与家长及时沟通,把误会消除在萌芽中

作为幼儿教师,如果幼儿在幼儿园发生了问题,不管事件大小,都要在第一时间和家长取得联系,切不可拖到第二天。一方面,当天发生的事情,整个过程比较清晰明了,教师可以及时处理,也有利于家长第一时间掌握幼儿在幼儿园的情况,避免无端猜测。另一方面,教师主动出击,态度诚恳,与家长及时沟通,也可以使家长更加信任教师,有利于把大事化小、小事化了,从而在后续进行有效的家园配合。

针对案例中晨晨爸爸对张老师的误解,如果你是张老师,你会怎么做?

(浙江省宁波市第二幼儿园 黄柠)

难题 31　孩子间的冲突，如何向家长反馈最适宜

引言

在幼儿园，由于幼儿的交往技能和控制能力较弱，他们在互动的过程中难免发生一些冲突。有时教师来不及阻止，幼儿间的冲突就会造成一些伤害性结果，如抓伤、咬伤、碰伤等。即使没有造成伤害性的结果，当家长知道自己的孩子被同伴欺负后，也会心生不满。因此，当孩子与同伴发生冲突后，如何向家长反馈，是需要教师掌握的一门技巧。

案例

晨间活动时，王老师边看着孩子们玩，边接待刚入园的孩子。这时，辰辰在奶奶的陪伴下蹦蹦跳跳地来到孩子们中间，他一边举着手中的陀螺，一边炫耀道："这是我爸爸刚给我买的，你们谁要玩？"听辰辰一说，好几个男孩蜂拥而上。突然，听到辰辰发出一声喊叫，王老师回头一看，原来嘉嘉在争抢过程中不小心把手打在了辰辰的手臂上。王老师见状批评了嘉嘉和其他争抢的孩子，并让嘉嘉当着辰辰奶奶的面向辰辰道了歉。

这天中午交接班时，王老师对虞老师说："早上嘉嘉又犯错了，打了辰辰，不过我已经批评过嘉嘉了，也让嘉嘉向辰辰道了歉。"下午离园时，辰辰妈妈来接孩子，想和教师说说上午的事。这时，虞老师正忙着组织孩子们收拾整理玩具，她刚好看到嘉嘉的妈妈也来接孩子，就先让两位妈妈谈谈。没想到谈着谈着，两位家长吵了起来。虞老师一看形势不对，赶紧过来劝辰辰妈妈："辰辰妈妈，嘉嘉已经知道错了，也向辰辰道歉了。再说现在嘉嘉妈妈也了解了事情的经过，以后会注意教育孩子的。这件

事就这样算了吧。"可是辰辰妈妈还是一副咄咄逼人的样子。虞老师认为辰辰妈妈有些不讲理,于是说道:"其实,在幼儿园孩子之间发生冲突是在所难免的。"说完,就叫嘉嘉和妈妈先走了。

第二天,园长找王老师和虞老师谈话,原来辰辰妈妈向园长投诉,说教师偏袒别的孩子,让自己的孩子得到了不公平的对待。王老师和虞老师听后觉得很委屈:"事情不是都已经过去了吗?辰辰也没什么大碍,而且也已经让嘉嘉道歉了,怎么辰辰妈妈还不肯罢休呢?"

分析

上述案例中,教师在处理孩子间的冲突、与其他教师交接班以及向家长反馈三个方面都存在着不当之处。

首先,当孩子间发生冲突后,带班的王老师既没有第一时间询问事情的详细经过,也没有及时地了解辰辰受伤的具体情况,给予一定的安慰,只是单一地采取批评和让孩子向受害方道歉的方式。

其次,王老师在与搭班教师虞老师交接班时,没有详细叙述事件的经过,致使虞老师在后期与家长交流时显得很被动。

最后,教师在向家长反馈时,一是未能做到及时、主动。冲突发生时,因为辰辰奶奶在场,所以王老师就认为家长已经知道了事件的经过,因此就没有当场再向辰辰奶奶详细地询问与解释,事后更没有及时地向辰辰妈妈反映,导致辰辰妈妈只能从奶奶一方了解此事;二是让冲突双方的家长交流,加剧矛盾。虞老师因为工作繁忙,让两位家长自行交流,结果一方带着不满的情绪,另一方不清楚事件的真相,沟通自然没有取得良好效果;三是未能做到客观公正。虞老师在进行劝解时,言语间暗示辰辰的妈妈小题大做,结果加深了家长的误解,致使家长带着负面的

情绪离开。

 **破解策略**

针对以上分析,当孩子们之间发生冲突之后,教师可以采取以下措施。

1. 第一时间正确处理孩子间的冲突

当孩子们发生冲突后,教师需要在第一时间采取行动,了解孩子的伤情并安慰孩子,将对孩子的伤害降到最低,然后详细了解事件的始末,这将为之后良好的沟通奠定基础。上述案例中,虽然发生冲突时辰辰奶奶在场,王老师还是应该首先询问辰辰是否受伤,可以说:"让老师看看,哦,有点红了。是不是有点疼?让老师轻轻揉一揉。"教师的关爱会让孩子感到温暖,慢慢地忘记疼痛,也能让家长感觉到教师的爱心。王老师在安慰了辰辰之后,应该立刻了解事件的始末——嘉嘉为什么要打辰辰?在知晓原因的前提下,教师应帮助嘉嘉认识到自己的问题,并引导他以恰当的方式表示歉意。比如,先为自己的错误行为向辰辰道歉,再帮辰辰揉揉疼痛的地方等。

在处理孩子间的冲突时,教师需要充分了解事件发生的起因、经过,并对后续可能发生的情况有所预判,这样教师才能更好地使用一些策略去帮助家长了解问题,引导家长面对问题,协助家长解决问题。

2. 选择适宜的方式向家长反馈

当教师就发生的事件与家长沟通时,要详细、全面地阐述事件的经过,包括:孩子今天在幼儿园发生了什么?事件发生后,教师做了什么?孩子现在的情况怎么样了?等等。教师要注重从情感上走近家长,理解并接纳家长的各种情绪表现,这样才可能与家长在相同或相近的层面上进行沟通，推动问题的解决。比如，上述案例中在孩子的冲突发生后，王老师应和辰辰奶奶一同了解事件的经过，避免辰辰奶奶产生任何误解。同时，要及时和辰辰妈妈取得联系，从帮助辰辰妈妈理解孩子的心理和行为的角度来详细阐述冲突发生的经过。比如，王老师可以说："辰辰妈妈，我和您说件事情。今天辰辰带来了新的陀螺玩具，嘉嘉也特别想玩（阐述孩子的心理需求，帮助家长理解孩子的行为）。于是，嘉嘉对辰辰说他也想玩陀螺（交往策略的引导），可是嘉嘉说了好几遍辰辰都没有搭理他，结果嘉嘉心想：'我都和你说了好几遍了，你都不理我。'（突出嘉嘉的心理活动，为理解嘉嘉的行为埋下伏笔）于是，他就直接去拿辰辰手上的陀螺，结果不小心打在了辰辰的手臂上。"

之后，王老师可以讲述事件发生后自己的应对措施。比如，王老师可以说："看到辰辰的手臂被弄疼了，当时我非常着急，也非常心疼，立即帮他揉了揉疼痛的地方，同时也仔细询问和检查了他有没有其他地方受伤……"听到教师那么负责，那么心疼孩子，即便家长一开始有点生气，也会感受到教师的尽心尽力，从而减少抱怨与责备，对教师多一份理解与体谅。

刚接到教师来电的家长，除了想知道"是什么""为什么"外，更急切地想要知道"孩子怎么样"。因此，最后王老师可以告诉辰辰妈妈："现在嘉嘉已经主动向辰辰道歉了，两个小朋友又和好了。"

适宜的反馈时机和恰当的反馈方式能让家长在较为平和的心态下了解事件，接受事实，推动问题的顺利解决，使大事化小、小事化无。

3. 注意和同班教师之间的沟通

很多时候孩子们发生冲突时，班级里的两位教师并不是同时在场的，那么不在现场的那位教师就不清楚事件发生的始末，和家长沟通时也就无话可说，或说话不当，不能有效地解决问题。比如，上述案例中的王老师应该和虞老师详细讲述事件的经过，让虞老师对此事有充分的了解，这样虞老师在和双方家长沟通时就不会产生误解了。因此，在对待孩子间的冲突事件时，班级两位教师要注重沟通交流，共同面对问题，商讨解决策略，以赢得家长的理解与体谅。

4. 尽量避免让冲突双方的家长直面沟通

对于孩子们在幼儿园发生的冲突，在教师介绍之前，家长们并不能全面、清楚地了解事情的始末。因此如果直接让冲突双方的家长直面沟通，反而会加剧双方之间的误解和矛盾，不利于冲突的解决，就如上述案例中描述的那样。在双方家长没弄清楚事件之前，教师不要让他们独自沟通，而是应客观地向家长反映整个事件及处理方式，以得到双方家长的理解和认同。如果在教师处理之后，双方家长仍认为有相互沟通的必要，那么教师可以帮他们安排。不过在整个过程中，教师要做好协调工作，以使事情得到圆满解决。

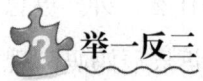 举一反三

如果你是案例中的王老师，你会如何向嘉嘉妈妈反馈这次的冲突事件呢？

(浙江省宁波市江北区中心幼儿园　应怡)

难题32　如何应对家长的匿名投诉

引言

家园共育是幼儿健康成长的基础，是幼儿园工作的重要内容。孩子能够茁壮成长，是教师和家长的共同愿望。尽管如此，由于教师和家长之间的教育观念、思考角度不同，常常会引发一些矛盾和冲突，家长投诉就是这种分歧的重要表现之一。家长因为对幼儿园教育理念、行为、质量等方面的不认同或不满而引发的投诉，已经越来越受到幼儿园管理者的重视。对于教师而言，面对家长的投诉，他们会产生极大的委屈和无奈，内心苦恼和工作压力也随之而来。久而久之，教师和家长之间的关系就容易变得僵硬，甚至出现对立。能否恰当有效地解决投诉，直接影响到家庭与幼儿园的教育行为能否一致，影响到孩子能否得到和谐的发展。

案例

这天，某幼儿园中（一）班的一位家长向幼儿园领导反映，班级教师为了配合幼儿园的亲子运动会，要求家长购置班服，具体由家委会牵头。结果，购买的服装不配套，上面的衣服加厚带绒，下面的裤子却很单薄，价格也偏贵，怀疑教师在里面吃回扣；同时，该班已经购买过班服，这次具有强制购买的倾向。幼儿园接到此匿名投诉后，立即与该班教师和家委会的成员进行了深入的沟通，并对家长反映的问题进行了深入的调查。调查结果如下：

1. 本次班服购买是在班级家长会上家长提议的，由班级家委会牵头

组织，家长自主选择，幼儿园和教师并没有任何强制的行为。无论是衣服款式还是价格都是公开透明的，教师在班级QQ群里进行了告知。收费工作，也是由家委会完成的。因此，幼儿园教师不存在乱收费和吃回扣的问题。

2. 本次班服购买事宜是家委会经过商量指定一位家长负责的。先前确定的班服为另一种款式，但因商家货源短缺问题，临时换成现在的一套，购买的淘宝店铺为：××××。更换情况通过班级QQ群进行了说明，衣服的实物也拿到班级供家长查看过，家长并未提出异议。

3. 该班从入园开始并没有买过任何的服装，这次班服的购买是由家长提议的，乃第一次购买。

 **分析**

每每接到家长的匿名投诉，教师都会产生这样的苦恼："为什么家长不直接与自己沟通？其实是很小的事情，可能一两句话就可以解释清楚，家长为什么反而选择这样的方式呢？"

其实，从家长的心理进行分析，不外乎这些原因：一是对教师不信任。他们认为这些问题的产生与教师有直接的关系，是由教师的不作为或者是不当行为引起的，直接向教师反映根本解决不了问题；二是直接与教师沟通，担心影响孩子在教师心中的印象。很多家长都有这样的顾虑，他们认为向教师提意见或建议会让教师对自己有想法，从而将这种不好的印象转嫁到孩子身上；三是家园沟通渠道有障碍。良好的沟通关系的建立是解决一切家园矛盾的关键因素。如果上述案例中的家长愿意将自己对服装价格高、服装搭配不合适等意见直接与教师沟通，如果教师能将家委会购买本次班服的过程向家长进行说明，并开通一个能够让家长发表意见的良好渠道,相信一切问题就能迎刃而解,家长也就愿意选择直接与教师沟通了。

上述案例中,教师的做法也的确存在不妥之处。

(1) **考虑问题不周全**。上述案例中,家长反映的问题虽然与调查核实后的反馈有出入,但是反映了教师的工作不细致。比如,关于班服是否第一次购买的问题,其实该班确实有部分孩子是由原先的亲子班升上来的,他们在亲子班就读时因为班级活动的需要准备过亲子服装,因此这部分孩子的家长就误认为这就是班服。如果在本次班服的购买中,教师考虑到这个因素并事先进行有针对性的说明,就不会造成家长的误会了。

(2) **没有充分尊重家长的选择权**。上述案例中,家长之所以提出班服质量差,怀疑教师从中间吃回扣,就是因为在购买过程中教师并没有指导家委会考虑到家长的选择权。如果事先提供给家长各种品质和价格的班服,让家长有更多的参考和选择,相信家长就不会产生这种想法了。

由此可见,所谓的误会是有其原因的。如何避免误会产生,是教师需要思考的问题。

 破解策略

面对家长的匿名投诉,教师应该如何看待和处理呢?

1. 摆正心态,正视问题

首先,教师要拥有正常的心态。幼儿园作为一个面向大众的服务机构,面对着形形色色的家长,不同的家长就会有不同的需求,正所谓众口难调。因此,无论家长出于什么样的原因进行匿名投诉,都是很一件正常的事。作为管理者或教师,既不要为此过分忧虑,也不要想方设法回避,要把家长的投诉看成是幼儿园的一项基本工作。其次,要拥有重视的心

态。无论家长出于什么原因，投诉的是什么问题，幼儿园都要认真对待，给予高度的重视，以表明幼儿园、教师对工作和家长的负责任的态度。

2. 及时跟进，有效反馈

家长投诉是由于他们的需求在幼儿园得不到满足而引起的。面对家长投诉的问题，教师在冷静分析后要快速进行调查及处理工作，及时弄清楚事情的来龙去脉，然后做出正确的判断，拟定解决方案，并与幼儿园有关部门取得联系，找出自身工作的薄弱环节，把握改进工作的机会，尽可能让家长在第一时间内得到消息。

（1）解读匿名信，捕捉投诉中的关键信息。比如，上述案例中该家长的投诉内容所表达的核心意见为：①不赞同购买班服；②对班级购买班服的安排与执行过程有想法。反映的最敏感的问题为：①教师是否吃了回扣；②有强制购买倾向。教师需要有一定的洞察力和分析能力，透过现象看到问题的本质。之后，要学会扪心自问：家长反映的问题有吗？如果没有，为什么家长会有这样的误会？问题的症结在何处？对于家长匿名投诉中出现的尖锐的或敏感的问题必须重视，并尽可能找到各种证据来进行解释与说明。

（2）真诚反馈事情的真相。如果有幼儿园行政管理部门介入，教师应该接受幼儿园的调查，并如实地向幼儿园陈述，不得有任何隐瞒行为。上述案例中，因为本次班服购买的工作从策划到执行时间紧，家委会和班级教师考虑不周，向家长解释得不够全面详尽，加上初次购买经验不足，从而引起了部分家长的误解。事后教师应认识到，很多事情可以做得再细致些。比如，事先从款式、价格等方面做一调研，衣服实物的现场查看可以向全体家长做统一公告，尽量保证家长能第一时间了解到衣服的品质，等等。

（3）有则改之，无则加勉。 如果家长反映的情况属实，那么教师必须找园长承认错误，共同商讨解决方法。投诉问题如果属于教师教育孩子方面的，那么教师要至少三个月内关注这个孩子的发展状况，适时和家长交流。

（4）寻求第三方的支持。 因为家长是匿名投诉，所以很多时候教师根本不知道投诉者是何人。因此即使有误会，教师也没办法去解释和说明，所以，寻求第三方的支持很重要。对于班级教师来说，可以充分发挥家委会的作用。比如，针对上述案例中的投诉问题，教师可以建议家委会就本次班服的购买过程进行全面的梳理和总结，尤其是把针对价格问题、班服质量以及班服购买所做的会议记录向家长呈现，让家长了解第一手资料。当然，对于在班服购买过程中出现的考虑不周、细节工作不到位等问题，教师要向家长致歉。教师和家委会还可以拟定一份"告家长书"，除了澄清事实以外，还可以征求家长对本次工作的改进意见及建议，倾听家长的想法。

3.多元沟通，建立互信

家园之间的矛盾和冲突发生的根本原因，是家园之间沟通出现了问题。如何建立良好的沟通平台，让家长有一个安全的倾诉环境，是减少家长匿名投诉的有效途径。教师可以借助家长会、班级QQ群等向家长展现自己真诚的态度，赢得家长的信任，并与家长建立良好的伙伴关系，共同为孩子的成长助力。

同时，教师要把握好家长第一次向自己反映问题的时机。教师要本着真诚、合作、理解的态度认真听取家长的想法，对于家长提出的意见和建议要仔细记录、慎重对待。切记不能表现出厌烦、无视的态度。如果家长第一次提出的意见和建议被采纳了，那么他就会对你产生信任和认同感,之后就可以坦诚地向你表述他的顾虑和想法。如果家长的意见和建议得不到有效的回应,久而久之他就会寻求其他途径来表达自己的想法,匿名投诉的现象就会出现,家园之间的关系也会变得很尴尬。

另外,幼儿园的行政部门也需要为家长建立一个健全的投诉机制,不仅让家长有话可说,有话有地方说,更重要的是让家长了解幼儿园的投诉渠道和流程。幼儿园要通过多种途径处理好家长的投诉问题,把家长的投诉作为动力、鞭策和镜子,从而提高幼儿园的服务质量。

 举一反三

新生家长会上,有一名年轻的班主任希望家长能把家里闲置的泡沫垫子捐赠给幼儿园的娃娃家。结果有一位家长却匿名投诉到幼儿园所属教育局,反映该教师强迫家长捐赠玩教具。如果你是这位班主任,接到这样的投诉会如何处理?

(浙江省宁波市第二幼儿园 李玲飞)

难题33 如何让家长原谅教师的过错

引言

随着社会的发展,人们对幼儿教育越来越重视,同时对幼儿园的保教质量和教师的素养有了更高的期望。但是目前由于幼儿园园所数量增长过快以及幼儿教师职前培养缺乏等多种原因,使得很多地方的幼儿园教师队伍呈现年轻化状态。年轻教师因教育教学经验不足,难免在工作中出现一些过错,引发家长的不满。

案例

云云的爸爸妈妈非常重视孩子的教育问题,所以给云云精心挑选了一所他们理想中的幼儿园。可是时间一长,他们发现班级教师存在很多问题。

刚入园时,由于孩子还不能适应新环境,每次云云妈妈送孩子入园后都要和孩子在教室里待很长时间。为了能正常开展教学活动,教师常常"逼着"云云妈妈离开。渐渐地,云云妈妈对教师的行为产生了不满情绪。

有一次,云云妈妈送云云来园时,正好碰到班上一个调皮的孩子将玩具撒得满地都是,教师见状大声呵斥起来,云云因此被吓哭了。云云妈妈于是提醒教师注意一下说话的语气,没想到教师不理不睬。下午放学回家,云云妈妈问云云:"今天在幼儿园里老师有没有批评你呀?""老师说,云云妈妈最烦了。妈妈,我明天不想去幼儿园了。"说完,云云就满脸委屈地扑到妈妈的怀里。

第二天,云云妈妈来园找教师沟通,希望教师不要当着孩子的面议

论家长,以免给孩子造成心理阴影。可是,教师觉得自己没有做错,说:"这样说一句就造成了心理阴影,你家的孩子太脆弱了!"云云妈妈听了,非常生气,直接向幼儿园领导进行了投诉。

 **分析**

从上述案例中可以看出,家长对教师的愤怒情绪经历了一个长期积累的过程。把家长强行赶出教室,大声呵斥孩子,在孩子面前议论家长,教师的种种做法都让家长觉得教师的处理方式过于粗暴,没有顾及孩子的心理感受,缺乏责任心、爱心和耐心。

的确,上述案例中教师的行为存在诸多欠妥之处。第一,对初入园的孩子缺乏个别化的教育,没有及时给予情绪上的抚慰。教师想让孩子尽快地参与集体活动,希望家长不要影响孩子的活动,但语言表达不够委婉,让家长产生了误解。第二,对孩子的批评方式过于粗鲁。小班幼儿的动手能力和控制能力不足,把玩具弄撒是一件很正常的事情,教师应该耐心地指导孩子,而不是大声地训斥。否则,只会给孩子造成害怕、恐惧的心理,不利于孩子的健康成长。第三,忽视家长提出的建议。对于家长提出的建议,教师置之不理或讽刺挖苦,只会让家长对教师和幼儿园失去信任感。第四,当着孩子的面议论家长。教师当着孩子的面议论家长,既会伤害孩子的自尊心,也会让孩子感到不安。

破解策略

面对家长的不满,教师首先需要进行自我反省,其次应向家长真诚地道歉,指出自己工作的不当之处,希望家长以后多多监督自己的工作,以缓解家长的愤怒情绪。教师还可以找一个适宜的地方,请家长坐下来谈谈，然后以商讨的口吻和家长探讨教育方式，让家长明白家庭生活与集体生活的不同，争取家长的谅解与配合。

可能有的家长不会轻易谅解教师或者信任教师，这就需要教师花费更多的时间和精力去关心孩子，主动与家长沟通，让家长从心底里感受到教师对孩子的关心与呵护。

此外，为了避免类似事件再次发生，教师还需要注意以下两点。

1. 主动出击，理解家长的需求

俗话说，"冰冻三尺非一日之寒"。如果教师在平时的工作中能多多关心孩子，并进行及时、有效的干预，那么家长就不会对教师产生误解了。上述案例中，云云妈妈送孩子入园后之所以迟迟不肯离去，是因为她觉得孩子的入园焦虑很严重，希望借此缓解孩子的情绪。针对云云的适应能力比其他孩子弱的情况，如果教师能多多关心她，让她感受到老师对自己的喜欢和爱护，使她逐渐喜欢上幼儿园；当云云妈妈早上送孩子入园时，教师如果能主动从家长手中接过孩子，带孩子参与有趣的活动，把云云的分离焦虑情绪转移到有趣的师生互动或同伴游戏上，云云妈妈就会放心地离开了。

2. 加强学习，提高自身的专业素养

上述案例反映了教师在专业能力、自身修养和与家长沟通方面的不足。这就要求教师平时注重加强师德师风建设，主动接受幼儿园的相关培训，积极向富有经验的老教师学习，提高自己业务水平和思想素质。具体可以这样做：

- 结束一天的工作之后，每天抽出 10 ～ 20 分钟时间反思工作中的得失。比如，今天的游戏为什么让孩子们那么喜欢？今天妞妞妈妈主动跟我打招呼了吗？为什么我新制作的体育器械没有孩子选择玩呢？等等。反思的同时，教师要及时进行简短的记录。长此以往，这些问题和答案就会成为有价值的教育经验。

- 找一位或者几位有经验的老教师做自己的"师傅"，平时多观察他们是如何对待孩子和家长的，发现和提取他们身上值得借鉴的经验。同时，可以邀请他们观察你的教育教学情况，及时帮助你发现问题并加以改进。
- 平时闲暇时间里多阅读，阅读能让教师的灵魂高尚、技艺精湛、素养提升。
- 积极参加各类培训。目前无论是教育局层面还是幼儿园层面，对于幼儿教师的培训都非常重视，安排了各种培训活动，而且可以让教师自主选择。因此，作为新教师要珍惜和把握培训的机会，在不断的"充电"中提升自己的专业能力，使自己少走弯路。

举一反三

如果你因为粗心，没有给尿裤子的孩子及时更换衣服，结果家长把孩子接回家后发现了并因此对你非常不满，你会怎么处理？

（浙江省鄞州区阳光丽园幼儿园　庄卢波）

第三章 家园矛盾冲突的化解

难题 34 家长和教师意见有了分歧，怎么办

 **引言**

幼儿教师和家长，常常因为家庭背景、受教育水平等的不同，在教育观念、态度与方式上也不尽一致。因此当幼儿出现问题时，他们在理念和应对上常常有分歧。如果这种分歧不能及时被消除，将不利于幼儿的发展和家园共育工作的开展。

案例

一天早晨，中（二）班的夏老师接到了雯雯爸爸的电话："夏老师，雯雯说今天不想上幼儿园，因为轩轩总捏她的脸，而且捏得还很重。"夏老师很疑惑地问："什么时候捏的呀？""雯雯说是昨天下午玩'躲猫猫'的时候捏的。"雯雯爸爸说道。"可是昨天下午我们没有玩'躲猫猫'的游戏。"夏老师解释道，"而且据我们观察，雯雯和轩轩平时很少聚在一起，集体活动也不在一起……"夏老师还没说完，就被雯雯爸爸打断了："夏老师，最近轩轩总是捏我们雯雯的脸，我已经告诉雯雯了，'下次要是再有人捏你的脸，欺负你，你就打他屁股'。""雯雯爸爸，对于您教孩子打小朋友屁股的做法，我并不赞同。我们的目的是希望孩子能健康快乐地成长，所以应该鼓励孩子尝试用恰当的方式去处理同伴间的矛盾。如果解决不了，可以向大人求助。"夏老师说道。可是，雯雯爸爸只说了一句："现在我要去上班了，时间来不及了，以后再说吧。"说完，他就挂断了电话。夏老师感到很无奈："现在的家长是怎么了？为什么都这样和孩子说？这叫我们老师以后怎么去教育和引导啊？"

 **分析**

尽管在电话交流的整个过程中,家长和教师一直都是客客气气的,但其实双方都不认同对方的观点,导致这次的沟通不欢而散。

父母都是非常爱自己的孩子的,都不想让自己的孩子受到别人的欺负,因此,平时总是会有意无意地给孩子灌输"不要让别人欺负你""别人打你就打回他"的观念。上述案例中的雯雯爸爸认为雯雯经常被别人欺负,很吃亏,才会教孩子运用"打屁股"的方式反击。

但是雯雯爸爸一开始并没有要求孩子这样做,现在之所以采用这种回击方式与教师有莫大的关系。在与家长的交流中,教师的行为、语言、表情、态度等直接影响到交流的质量与效果。从上述案例中可以看出,当雯雯爸爸讲述轩轩掐了雯雯的脸后,夏老师进行了否定,认定轩轩没有时间和机会与雯雯有身体上的接触。再加上雯雯被轩轩多次掐脸,都没有被教师发觉。这导致家长对教师产生了不信任感,不愿意听教师的"说教"。

 **破解策略**

当家长与教师的意见有分歧,沟通出现困难时,教师可以采取以下措施。

1. 换位思考,反思自身教育行为的不足

教师要学会站在家长的角度来思考与分析问题,理解家长爱孩子的心情。同时,教师要仔细反思自己在哪些方面做得还不够好,还需要继续努力。比如,上述案例中的雯雯爸爸心疼孩子多次受欺负,又因为教师的不作为而教孩子"以暴制暴"。教师听后需要反思的是:为什么平时都没有关注过雯雯？雯雯是不是真的受到欺负了？她被欺负的原因是什么？为什么雯雯被欺负了却没有和老师说呢？通过反思，教师应该认识到，在对待雯雯被欺负这件事情上自己不够细心，没有深入和孩子进行交流，导致雯雯爸爸对自己产生了不信任感，不愿和自己进行更多的交流。此外，在与雯雯爸爸交流时，教师如果能先设法让雯雯爸爸宽心，那么就为后面的沟通留出了余地。比如，教师说："哦，原来是这样啊。不好意思，以前我没有特别去关注过，近期我会特别留意您所反映的问题，您放心。我们还是先一起劝劝雯雯，让她来上幼儿园吧。"

因此，当家园出现沟通矛盾时，教师要学会换位思考，真正站在家长和孩子的角度来反思自己的教育行为是否适宜，并做出适当的回应，从而让家长感到教师是可以信赖的，并愿意接受教师的建议。

2. 深入了解，真诚地与家长进行沟通交流

在家访时，教师可从分享孩子在幼儿园的趣事入手，说说孩子的进步，聊聊孩子与同伴的相处，谈谈自己对孩子的认识和了解，这样的交流不仅能让家长感受到教师平时对孩子的关注，而且也能引导家长慢慢地打开话匣子，愿意和教师交流育儿的方式和想法，教师则可以自己的专业能力来赢得家长的信赖与支持。此外，教师平日里还应该加强对孩子的观察，正确了解和掌握孩子的发展动态，并及时地向家长进行反馈，去主动赢得家长的信任。

因此，教师要全面地了解孩子，了解家长的教育观念与方式，在了解的基础上进行真诚、有效的沟通，达成教育的一致性。

3. 多种途径，提升家长的教育理念

虽然现在家长的文化水平普遍较高，但在教育孩子的观念和行为上

缺乏一定的专业性，有时甚至会受错误的教育理念影响而进行一些不恰当的教育引导。比如，上述案例中的雯雯爸爸认为孩子被别人欺负了就是受委屈了，一定要用"以牙还牙"的方式来应对。此时，教师就要利用各种形式帮助家长纠正这种错误的教育方式。比如，可以定期给家长做一些家庭教育报告；向家长推荐一些关于培养孩子交往技巧方面的资料、书籍；组织家教沙龙，让家长们在相互的分享、交流中改变教育理念，提升教育水平；平时要及时与家长沟通，向家长反映孩子在幼儿园的表现，向家长宣传幼儿教育的先进理念，帮助家长形成正确的儿童观、教育观和幼儿教育评价观。

举一反三

如果当时电话中雯雯爸爸的语气较为强硬，态度比较激烈，如果你是夏老师，你会怎么做？

(浙江省宁波市江北区中心幼儿园　应怡)

难题 35　婆媳有矛盾且分别向教师提出相反的要求，怎么办

引言

中国有句俗话，"隔辈疼"。对于已经步入晚年的祖辈老人来说，他们将自己全部的爱都给了儿女，而今儿女长大成人，他们就将这份爱转移到孙辈身上。而年轻的家长因为工作忙碌，经常将孩子的生活起居托由老人照顾，所以老人一般都非常疼爱孩子。但与此同时，祖辈家长与年轻家长在教育理念上往往有很大的分歧，尤其是婆媳之间。因此，当遇到婆媳有矛盾的家长时，幼儿教师既要坚持重要的事情和孩子父母谈，又要理解祖辈家长的心情，与他们建立感情，适时引导他们的教育和养育理念，建立"一切为了孩子"的家园沟通基点，以达到家园共育的理想状态。

案例

楠楠是一个大班的小女孩，在班级中和同伴相处时比较自私、娇气、不合群。而且，最近她表现得很不开心。后来了解得之，楠楠家里的氛围不是很和谐，楠楠妈妈和楠楠奶奶经常因为孩子的教育问题拌嘴，楠楠爸爸总是数落楠楠妈妈，气得楠楠妈妈经常偷偷流眼泪。但是楠楠妈妈平时工作比较忙，又离不开老人对楠楠生活的照顾，因此不得不和老人住在一起。楠楠妈妈担心老人的教育对女儿有影响，特意跟小陈老师当面交代，希望把楠楠在幼儿园的表现多跟妈妈说，少跟奶奶说，奶奶提的想法可以不听或少听。特别是楠楠生病吃药时要经过楠楠妈妈的同意，奶奶送来的药不要吃。

这段时间，楠楠咳嗽得很厉害。楠楠妈妈给孩子吃的是一些抗过敏的西药，而楠楠奶奶却特意在上午十点从家里热好中药，再送到幼儿园给孙女吃。教师征求楠楠的意见，楠楠一会儿说要吃妈妈送的药，一会又说要吃奶奶送的药。小陈老师也感到左右为难。

平日里，楠楠的爸爸妈妈特别忙，一般都是由奶奶来园接送的。楠楠妈妈一周会尽量抽一天时间来园与教师沟通。对于每次请家长配合的事情，楠楠奶奶总是以"不知道""没听说"为由不转告楠楠妈妈或回应教师，让楠楠妈妈和教师都很尴尬……

分析

婆媳关系不和，不仅影响家庭关系的融洽，而且不利于孩子的成长。首先，孩子生活在争吵的氛围中，会缺乏安全感。上述案例中，楠楠就是因为妈妈和奶奶争吵而显得不开心。其次，不利于孩子良好个性的培养。妈妈和奶奶都是孩子最爱的亲人，如果婆媳双方经常吵架，会让孩子夹在中间左右为难，也容易让孩子形成左右讨好、犹豫不决的性格。上述案例中，楠楠一会儿说吃妈妈送的药，一会儿说吃奶奶送的药，就是典型的表现。最后，影响家园共育工作的开展。上述案例中，每当幼儿园需要家长配合一些事情时，楠楠奶奶就找借口拒绝或者不通知楠楠妈妈，影响了家园工作的开展。

的确，碰到婆媳不和的家庭，幼儿教师在沟通上容易产生压力。于是，有的幼儿教师明明知道这种不和让家园配合产生了障碍，也对孩子的成长产生了很多不利的影响，但是依然采取拖延策略，觉得这是人家的家事，不好干预太多。其实，幼儿教师只要做好"功课"，让婆媳看到教师为了孩子做出的努力，就能赢得她们的理解和信任。

 **破解策略**

针对以上分析，碰到婆媳不和且向教师提出相反要求的家长，教师可以采取以下措施。

1. 理解婆媳双方的情感，发挥孩子爸爸的"润滑剂"作用

祖辈家长对孩子的关注程度和关注方式与孩子的父母是有区别的。总体来看，祖辈家长对孩子的关注程度较低，只要孩子在自己的视线范围内活动就行，与孩子做平行活动多（即各做各的事），与孩子的共同游戏少、语言交流少，对孩子的心理关注较低。他们对孩子的过度溺爱和放纵容易让孩子养成以自我中心的个性，影响其自我意识的发展。教师要让孩子的爸爸了解到隔代亲的教养利弊，并指导他明确自己的教育责任，做好婆媳之间的"润滑剂"，关注孩子的心理成长。上述案例中，教师可以告诉楠楠爸爸楠楠个性上的一些问题，如娇气、自私、不合群等。同时，让他知道家庭成员要求不一致对孩子的种种不良影响，希望他能缓和奶奶和妈妈的关系。

2. 与家长约谈，加强家园沟通

幼儿教师可以把孩子在幼儿园生活学习的情况，以及孩子的心里话用手机或相机拍下来，然后分别约谈孩子的爸爸妈妈和爷爷奶奶，让家长了解到孩子在幼儿园与其他孩子的互动情况。如果教师能捕捉到孩子在游戏中体现家庭生活的场景就更好了。比如，孩子们在娃娃家玩游戏时，楠楠扮演妈妈，其他小朋友分别扮演爷爷、奶奶和爸爸，然后楠楠以生活中妈妈对奶奶说话的态度与方式和同伴游戏等。这样能较好地说服楠楠的妈妈要以身作则、尊敬长辈，认识到父母是孩子学习的榜样，孩子的行动是父母的"镜子"。如果还能拍到楠楠扮演奶奶的角色，表现生活中奶奶说话处事的方式，则能很好地说服奶奶明白，长辈既是孩子生活起居的贴心照料者，也是孩子言行举止学习的榜样。要想让孩子形成良好的个性品质及彬彬有礼的言谈举止，长辈的言谈举止也不能忽视。就这样通过"镜子"的作用，让父母和祖辈家长进行反思，认识到营造良好的家庭关系对孩子的成长至关重要。

同时，针对楠楠的个性问题，教师需要和家长进行沟通，告诉他们幼儿期是可塑性最强的时期，孩子一些不好的个性一旦固定下来就很不容易改变了；希望家里的老人和父母能相互配合，有针对性地进行教育，培养孩子良好的个性品质。这也能在一定程度上促使婆媳为了孩子，就家庭教育问题达成一致意见，让孩子的成长成为婆媳关系的"调节剂"。

3. 经常引导家长换位思考

对于婆媳不和的家长，教师难以完全改变双方的抵触思想，但是可以从思维方式上引导她们，从相互尊重和换位思考的角度点拨家长，或者通过杂志上的相关短文，借"别人的口"表达自己的观点。比如，上述案例中教师可以引导楠楠妈妈思考："如果您是奶奶，孩子生病了，特意熬药送来，您觉得奶奶对孩子怎么样？"同时，也引导楠楠奶奶思考："如果您是楠楠的妈妈，孩子生病了，心里会怎样？"引导婆媳在孩子的养育和教育问题上保持冷静，留心孩子的心理需求，学着相互体谅对方。

4. 理解老人的心情，重要的事情和孩子的父母谈

作为教育者，教师要充分理解老人的心情，不能强求老人像年轻的父母一样支持、配合幼儿园的工作，要酌情而定。在实际工作中，教师还常常看到这种情况：因教师对某件事情没有交代清楚，或者老人理解上出现偏差，老人会产生急躁情绪，进而对教师发牢骚，甚至发脾气。作为教师，无论老人是蛮横无理，还是倚老卖老，都要注意把握言行的分寸，对待老人要更加细心、热情，要努力通过自身良好的形象和较高的专业水平改变老人对幼儿教师的看法，赢得老人的尊敬、信任与支持。另外，教师也要根据老年人的特点，在工作中更加注意细节。比如，组织活动时，搀扶老人一下；发布通知时，字写得大一些，方便老人看；跟老人交代事情的时候，语速慢一点，音量较大些或者写好字条请老人带回家给孩子的父母，等等。教师要通过自己的努力，避免老人和幼儿教师、和孩子父母间产生不必要的沟通障碍，减少老人说"不知道""没听说"的概率，让老人感受到教师和孩子的父母渴望与其建立良好的感情，让老人得到尊敬和照顾。

如果有些事情实在无法和老人说清楚，教师可以通过现代沟通工具（电话、微信等），让孩子的父母和教师一同做好老人的工作，取得老人的理解和配合。针对上述案例中奶奶让楠楠吃中药，妈妈让楠楠吃西药的情况，教师可以跟老人解释："孩子的病情要让医生把关，不能中药和西药一起吃。"但是教师要理解、尊重老人对中药的信任感，表示愿意与楠楠妈妈沟通，看看是否有必要带楠楠看看中医，调理身体。"药不能乱吃"，这个道理老人都懂。教师对老人进行适时的引导，让老人感受到教师对孩子的关注和关爱，会让老人更信任教师。

举一反三

针对案例中楠楠奶奶不配合幼儿园的工作，如果你是楠楠的老师，你会怎么做？

（浙江省宁波市鄞州区首南学府实验幼儿园　应利波）

难题 36　家长只喜欢班上某位教师，怎么办

引言

我国著名的幼儿教育家陈鹤琴先生说过："幼稚教育是一件很复杂的事情，不是家庭一方面可以单独胜任的，也不是幼稚园一方面可以单独胜任的，必须要两方面共同合作方能得到充分的功效。"现今，我国幼儿园每个班级两教一保的格局，使得班上的两位教师和一位保育员都需要与家庭密切沟通，达到合作共育的效果。然而，由于每位教师的个性、专业水平等存在差异，使得孩子在同一个班级里会对不同的教师产生不同的喜爱之情，从而影响了家长对教师的感情。

案例

幼儿园晨间接待时间，孩子们陆陆续续进入教室。花花在妈妈的陪同下不情愿地和值早班的Ａ老师打招呼，只听花花妈妈说："今天不是Ｂ老师上早班，花花就不愿意来幼儿园了。她在家里一直说，喜欢Ｂ老师每天在门口迎接她。"Ａ老师听后无奈地笑了笑，又去迎接其他孩子了。

家长开放日活动中，Ａ老师和Ｂ老师各自组织孩子们开展了精彩的教学活动。花花在Ａ老师组织的活动上始终坐在位置上，不太乐意举手回答问题，而Ａ老师也没有找机会让花花回答问题或参与到互动的环节中。听到身边一位家长说："活动好是好，不过怎么总叫那些孩子回答问题呢？"花花妈妈接话道："老师总叫那些孩子回答问题，我们的孩子举手都不叫一下。"而Ｂ老师在上课时，为了让更多的孩子有参与的机会，采用了游戏和小组合作的方式来调动孩子的积极性。看到花花的大胆表

现,妈妈很高兴,她不时地向周围的家长称赞B老师:"我们花花最喜欢B老师了,B老师的课上得真好,难怪孩子们都这么喜欢她。"身边的家长听到后都点头表示同意。

午睡时,花花一直睡不着,在床上翻来覆去,还时不时地睁开眼睛东张西望。A老师见状走过来对花花说:"赶紧闭上眼睛,不要再动了。"花花很不情愿地转了个身,但是眼睛还是睁着。B老师发现了,轻轻地走过来,靠近花花坐了下来,边轻拍花花的身体,边问花花:"你哪里不舒服吗?老师拍着你睡觉好吗?"花花乖乖地闭上了眼睛,很快睡着了。晚上花花回到家,把中午睡觉是B老师拍着睡着的事情告诉了妈妈。花花妈妈第二天专程来幼儿园感谢B老师,希望B老师以后多关照一下花花。

分析

为什么家长会特别偏爱某位教师呢?

1. 源于教师对孩子的关心与喜爱

每位家长都希望自己的孩子能得到教师的关心和喜爱,因此关心和喜爱孩子的教师一定能得到家长的喜爱。比如,上述案例中在组织活动时,A老师只是叫某些孩子回答问题,不太关注那些表现不积极的孩子。B老师则采用游戏和小组合作的形式,努力地让更多的孩子参与进来。两位教师截然不同的表现对比,让家长看到了B老师对孩子的耐心与爱,自然也就更喜欢B老师了。又如,当花花把B老师是如何照顾自己午睡的事情告诉妈妈之后,妈妈就更喜欢B老师了,第二天她还专程到幼儿园向B老师表达谢意。

2. 受到自家孩子对教师喜爱的影响

家长对教师的喜爱，在很大程度上受到自家孩子对教师喜爱的影响。孩子往往会因为喜欢某位教师而喜欢去上幼儿园，而孩子能情绪愉快地去上幼儿园对家长来说，是一件非常值得欣慰的事情，从而也会对这位教师产生喜爱之情。

当然，家长也会通过自己的观察做出判断。比如，上述案例中当花花妈妈向 A 老师表述孩子的反常是因为 B 老师没来值早班后，A 老师听后只是一笑带过。A 老师的表现，加重了花花妈妈对她的不喜欢。

3. 源于家长群体对教师的欣赏

有时候，家长对教师的感情也会受到某些家长言论的影响。比如，在上述案例中的家长开放日活动中，由于花花在 B 老师的课上大胆表现让妈妈很高兴，她不时地向周围的家长称赞 B 老师，身边的家长听到后都点头表示同意。从中不难发现，家长们的从众心理比较明显，会受到个别家长言论的影响，从而干扰自己原先的判断。

破解策略

针对以上分析，当家长只喜欢班上某位教师而不喜欢自己时，教师首先应该反思自身存在的问题，然后采取措施，赢得家长的喜爱。

1. 与家长沟通，增进相互的理解

家长对教师产生误解，往往是由于教师与家长观察事物的角度不同造成的。好比一辆车，站在某个角度看有两个轮子，换个角度看就是四个轮子。家长主要是从自家孩子的角度看待教师的教育，教师则是从集

体的视角看教育。比如,集体教学活动中,总会有个别孩子不太乐于表达,希望能躲在后面倾听。再有,在孩子没有主动要求回答时,教师有时也需要保护孩子的这种不愿做主角的心理,但是以自己的孩子为中心的家长有时却不能理解教师的这种做法。因此,在学期初或学期末的家长会上,教师可以将日常的教学工作现状与家长们沟通交流,就规定时间内的集体活动如何满足大部分孩子的参与兴趣等内容与家长们分享,帮助他们理解教师的教学工作。

当然,教师也需要理解并接纳家长希望自己的孩子能多被照顾的心情,在无损原则、无伤大雅的情况下,满足家长的个性化需求。比如,在家长开放日展示的集体教学活动中,可以设计全班孩子都参与的环节,还可以把一些简单的问题抛给那些平时胆小或者思维不活跃的孩子等。

2. 关心和喜爱孩子,这是赢得家长喜爱的根本

关心儿童的生活,是教育者最重要的工作。当家长把孩子交给教师的时候,他们仍然会有这样或那样的牵挂与担心。即使孩子在幼儿园一切都很好,家长还是希望能从孩子或教师的口中知道当自己不在身边的时候,孩子在幼儿园的情况。这种心情并非不信任教师,而是父母之心、人之常情。所以作为教师,在幼儿园的一日生活中,要放下高高在上的姿态,蹲下身子,像关心自己的孩子一样对待班上的每个孩子,了解每个孩子的需求并给予积极的回应。只要孩子喜欢上幼儿园、喜欢教师、喜欢小朋友,家长的一切担忧就都会消失;只要孩子喜欢教师,家长对教师的信任情感就会逐渐建立起来。

比如,上述案例中晨间接待时,花花见到 A 老师比较拘谨,不敢主动打招呼。此时,如果 A 老师能很热情地主动与家长、花花打招呼,能走过去抱抱花花,就会让花花感受到 A 老师其实也是喜欢自己的,她也是一位很容易亲近的老师，拉近了彼此间的距离。正如某位有经验的教师说过："家长和孩子越不喜欢我，我就越对孩子好。时间久了，当孩子见到我就想让我抱时，家长就不得不喜欢我了。"又如，午睡时，如果A老师能像妈妈一样耐心地询问花花，用关心的手势安抚花花，贴心地陪伴花花入睡，那么花花肯定会感到舒服和安慰。

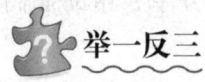 举一反三

案例中当花花妈妈第二天来园感谢B老师时，B老师该如何应对来凸显班上两教一保工作的一致性，让家长对幼儿园的保教工作放心呢？

（浙江省宁波市江东区实验幼儿园　蒋静）

难题37　家长要求幼儿园更换班级教师，怎么办

引言

在一日带班过程中，如果家园工作做不好，就会经常出现这种情况：家长嫌教师对孩子照顾不周，对教师产生误解；教师嫌家长不理解自己的工作，心怀委屈。严重时，家长甚至会向幼儿园园长进行投诉，要求为孩子更换教师。这对于幼儿教师和孩子的发展都是极为不利的。

案例

学期末，小（一）班的十来位家长来找园长，反映该班A老师的情况，说他们非常不满意A老师对孩子的态度，认为她没有责任心，不爱孩子。一位家长说："现在班上有很多孩子都表示不想上幼儿园，以前在托班开始阶段有过这样的情况，后来就好了。现在上小班了，他们反而不愿上幼儿园了。不是老师凶，是什么原因呢？"另一位家长说："以前托班老师经常和我们主动聊孩子的情况，现在我们想和老师聊，她都不愿意和我们多谈。""A老师跟我们家长说话时，语气比较冲。有一次，我家宝宝在幼儿园被同伴抓伤了，向她反映，她却说：'你家宝宝本来就调皮，没少给我添麻烦。现在打不过别人，受到惩罚了吧。'听了就令人生气，这是什么话呀！"家长们一致要求更换教师。

分析

从上述家长们反映的情况来看，A老师与家长沟通得的确很少，很

多家长仅仅是从自己孩子的口中了解她,有的家长想主动与她沟通却被无情地拒绝了。原因是 A 老师本身不善于,也不喜欢与他人沟通。以前,同事们曾经指出她的不足之处,但是没有引起她的重视。

A 老师也缺少与家长沟通的经验与技巧。当家长向她反映孩子的受伤问题时,她第一时间不是给予安慰、了解事情的经过,而是对孩子进行嘲讽和奚落,引起家长的不满和投诉。

此外,幼儿园管理者也存在一定的问题。家长要求更换班级教师,矛盾已经到了爆发的阶段,园方才知晓。既然那么多的孩子不愿意上幼儿园,那么早上入园时,该班孩子的表现一定很"引人注目",幼儿园领导对此毫无察觉吗?既然 A 老师不善于与人沟通,为什么幼儿园在为其寻找搭班的保教人员时不让他们弥补一下呢?

面对家长提出的给孩子换班的要求,园长应该怎么做呢?

1. 认真倾听家长的要求

首先,园长不能打断家长的叙述,即使家长叙述的信息有误,也不要着急和生气,否则会激化矛盾;应耐心倾听,必要时可做适度解释,并说明会去调查核实,以便给予双方反省和思考的时间。

家长的信息源有时不准确,对教师的评价也不一定客观。因此,园长在向家长做解释时,可以顺便客观地介绍教师的优势,给予正确的评价。另外,家长习惯于将一切问题归因于教师,这就需要园长引导家长从其他原因来分析问题。比如,家长说:"我找她谈话总是看她急急忙忙的,好像很不耐烦的样子。"对此,园长可以解释说:"她确实很忙,她不仅代表园里出去赛课,还要跟着专家外出上示范课。同时,她还把班级各项工作都做得比较出色，是一位非常上进的老师。"这些信息的传达可以引导家长正确归因。

2. 调查核实，没有调查就没有发言权

了解了家长反映的问题后，园长就要找相关的人员进行询问，了解事情到底是怎么回事。有条件的幼儿园，还可以在班级安装摄像头。必要时，摄像头录下来的信息可以作为一个有力的证据来说明问题。

园长不能为了迎合家长，不问青红皂白地就责备教师，要给教师反思的机会，否则容易打击教师工作的积极性。园长在了解情况的同时，要让教师感受到园长是她的依靠，会与她共同面对问题、解决问题，这样可以帮助教师更加坦诚地面对问题、改正问题。

3. 告知家长调查结果，做通家长的工作

如果的确是教师的问题，当事教师应向家长道歉，保证以后会注意工作方式和工作态度，求得家长的原谅。同时，园长应向家长分析更换教师可能产生的不利后果。如果是家长对教师产生了误解，那么当事教师要向家长做出解释。比如，上述案例中的A老师不是不愿意和家长交流，只是因为性格害羞，不善于和他人沟通，以后一定会加强与家长的联系。又如，A老师平时很敬业，也很关心孩子，那天之所以那么对待被抓伤的孩子，也是因为心里着急的原因。第二天孩子上幼儿园时，A老师还询问孩子有没有事。可见，A老师对孩子还是很关心的，只是表达方式有问题。

4. 做好其他家长的工作，避免负面影响

在做好当事家长的工作的同时，园长还应了解该班哪些家长对A教

师的工作是认可的,哪些家长可能对 A 教师的工作有意见,然后分别与他们预约交流。这样做,一方面可以了解家长对 A 教师的认可度,另一方面可以帮助家长了解 A 教师的强项和优势以及她在带班过程中所付出的努力和取得的成绩。通过分批分层地做家长工作,可以避免家长不明真相地抱成团,消除负面影响。

幼儿园还可以组织家长开放日活动,让家长们亲身感受教师的专业水平和师德表现,消除家长因道听途说或按照习惯思维而形成的错误归因。

对于当事教师来说,面对家长的投诉,在被园长询问时,应该怎么做呢?

首先,当事教师应该冷静地面对询问,客观地描述事实。然后,反思自己的行为是否有不妥之处。比如,上述案例中 A 老师应该反思:为什么家长们会一致反映孩子不喜欢上幼儿园呢?是因为自己的风格和他们之前的托班教师截然不同还是其他原因?在与家长交谈时,自己的言行举止是否适宜?有没有把个人的情绪带到工作中,从而不顾及孩子的感受?有没有及时与家长沟通?等等。在意识到自己的问题后,教师要勇于面对,向家长道歉。同时,要避免以后犯同样的错误。必要时,可以向园长或者有经验的教师请教。

只要教师本着一颗爱孩子的心工作,注意工作的方式和技巧,就能消除家长的误解,赢得家长的喜爱。

举一反三

尽管园方做了很多努力,但是仍然有个别家长一定要求更换班级教师,你觉得应该如何处理?

(浙江省宁波市海曙区中原艺术幼儿园　林芳)

难题38 家长不愿意与新教师交流，怎么办

引言

工作第一年，新教师满怀着热情和期望踏入幼儿园，怀揣着一腔抱负想要在工作岗位上一展身手。但是事实常常不如人意，由于自己是新教师，在和家长交往过程中常常会受到家长的冷落，很多家长更愿意和有经验的老教师交流自己的育儿观念与想法，有些"挑剔"的家长甚至会无视你的存在。由于现实与理想之间的差距，很多新教师在工作第一年往往会觉得没有工作成就感，在心理上对这些家长形成一种对立和排斥，非常不利于班级家长工作的开展。

案例

慧慧老师是一个刚从幼儿师范学校毕业的新教师，8月底到幼儿园报到的时候，她被安排到新的小班担任副班主任一职。进入新的岗位，慧慧老师一心想干出一点成绩来。可是还没有等她使出劲来，一系列的打击便让她伤心不已。

案例1

接手新小班都是要家访的，班主任王老师是一个有着10多年教龄的老教师，为了让慧慧老师更快地熟悉家访的过程和方法，她们俩决定一起去小朋友家里家访。王老师事先约定了妞妞小朋友家，一到妞妞家，妞妞妈妈就迎上来看了看王老师和慧慧老师，然后转头对王老师说："哦，是王老师吧？快快进来，请坐。"等两位教师都进来了，她才问："王老师，这位是……""这是我们的副班主任慧慧老师。"王老师马上介绍道。妞

妞妞妈妈上下打量了一下慧慧老师,说:"慧慧老师是不是还很年轻呀?今年几岁了?""哦,我今年刚刚毕业。"一听家长提问,慧慧老师马上说道。"哦,那是很年轻,以前从来没有带过孩子吧?"慧慧老师摇摇头。旁边的王老师发现情况不对,马上转移话题问起了孩子的情况,这当中妞妞妈妈就再也没有理睬过慧慧老师。等妞妞来的时候,妞妞妈妈拉着孩子说:"你看,这是你班级的王老师,快叫王老师。"孩子小声叫了一声。见妞妞妈妈似乎没有介绍慧慧老师的意思,王老师马上说:"你看,这是慧慧老师,她以后也和王老师一起跟你做好朋友,好吗?"这时,慧慧老师才和妞妞打了招呼。

案例2

9月1日开学,家长都带着孩子来了,慧慧老师和王老师一起迎接小朋友。为了能让孩子更快地接受自己,慧慧老师这几天每天在家都会念叨孩子的名字,希望一早孩子来了能很快地认识他们。可是,早上小朋友来的时候,家长们都急切地和王老师交流,交代事情,没有几个家长想和慧慧老师交流,慧慧老师只能站在一边和孩子搭搭话。偶尔有家长问起,也是类似"你是今年才来的吧?哪里毕业的"等问题。有一位家长还问王老师:"这个慧慧老师会弹琴吗?歌唱得好吗?如果音不准,孩子要给她教坏的。""孩子们以后的图画课谁来教啊,数学谁来教啊?"慧慧老师在一边听着心里非常难过和着急。

晚上来接孩子的时候,有几个家长询问慧慧老师孩子在幼儿园的表现。慧慧老师怕说错了,就说:"挺好的,挺乖的。"渐渐地,家长发现在慧慧老师那儿不能获得自己想要的信息就不太和她沟通了。慧慧也发现家长喜欢找主班教师询问孩子的情况,这让她感到家长对自己不信任,使她对于与家长沟通更加底气不足。同时她或多或少对家长的不信任感到不快，于是更加不愿意与家长打交道，由此形成恶性循环。

 **分析**

家长为什么不愿意和新教师交流呢？这里面既有家长的原因，也有新教师自身的原因。

1. 家长的原因

（1）很多家长重主班教师，轻副班教师。幼儿园在安排班级保教人员配备时，往往会安排一个有经验的老教师带新教师，新教师往往在班级里担任副班教师，配合主班教师做好各项班级工作。很多家长都有"重主班教师，轻副班教师"的思想存在，他们会觉得你只是一个副班教师，找你解决不了实际问题。

（2）家长对新教师的信任度不高。在家长心目中，新教师首先缺乏养育孩子的经验。俗话说，"嘴上无毛，办事不牢"。他们会想：你连自己的孩子都没有养过，怎么会养我们的孩子？孩子的冷热，你知道吗？你会哄孩子吃药吗？你会给孩子喂饭吗？孩子脱衣服，你会帮忙吗……这些都是家长担心的问题。同时由于现在大多数家庭只有一个孩子，家长对孩子的关注度非常高，随之而来的对教师的要求也就更多，这也是家长对新教师不放心的原因之一。上述案例1中，妞妞妈妈的表现正是这种心理的体现。

2. 新教师自身的原因

（1）新教师的知识储备、沟通经验欠缺。在与家长沟通的时候，很多新教师在遇到问题时往往不知道如何巧妙应答。这样一来，家长就会觉得跟你沟通达不到预期的效果，从而不愿意再跟你交流。上述案例2中，慧慧老师总是用"挺好的""挺乖的"之类的话来回答家长的提问，导致家长从她的回答里得不到有效的信息，感觉教师在敷衍自己，渐渐地就不再找她沟通了。慧慧老师索性就把与家长沟通的工作留给主班教师和保育教师，这样一来，她和家长的沟通就更少了，误会也就因此产生了。

（2）**新教师的性格不善于与人沟通。** 有的新教师性格比较内向，不善言辞。上述案例1中，慧慧老师去家访，只是很被动地听，没有主动询问和自我介绍，和孩子相处时也比较拘谨，一下子让家长产生了这个教师很没经验的感觉，对日后的相处造成了不良影响。现在的新教师多为"90后"，个性比较任性，习惯了被家人捧在手心里。因此，她们在与家长沟通的时候也会多多少少摆出一副"大小姐"的姿态，态度上不够诚恳，不能够站在家长的角度去思考问题，处理问题不够周全。

（3）**新教师的处理方式不当。** 新教师工作不久，尚处于适应期，缺乏处事经验和应变能力，有些事件处理不当就容易引起家长的误解，为家长工作增添难度。比如，有些新教师在进行交接班时，忘了把家长叮嘱饭后给孩子吃药的事情告诉接班的教师，结果引起了家长的不满。

破解策略

要改变这样的状况，新教师自身素质的提高及能力的锻炼是关键。同时，幼儿园也需要对新教师进行一定的培训。

1. 教师层面

就新教师自身来说，既要用行动证明自己的能力，也要用爱心赢得家长的信任。

(1)用行动证明自己的能力。新教师可以通过以下三种方式证明自己。

①重视家访工作。新教师无论是接手一个新班级还是中途来到一个班级,首先要做的是主动进行家访。家访前要做好充分的准备,事先罗列出要与家长沟通交谈的一系列问题,做到心中有目标。而且要设想在家访过程中可能会碰到的一些特殊情况或者特殊的家长。新教师可以事先从书籍上或者有经验的教师那里了解家访时应该注意的问题,并且事先设计一张家访记录表和一张自制的精美的名片。在家访的过程中,教师要简单地记录下自己了解到的孩子在家里的一些情况及个性特点等,最后把自己自制的名片递给家长。这样一来,家长看到你虽然是新教师,但是准备工作做得十分到位,就会对你留下好的印象。另外,当发现某位家长对你不理不睬或者遇到一些突发情况让家长难以接受的时候,新教师也可以采取家访的方式去与家长进行主动沟通。带上孩子喜欢的小礼物,或是一本书,或是自己制作的一个手工作品,能够很快缓和沟通的气氛。

②善于展示自我。新教师要善于发挥自身的特长并进行"推销"。比如,绘画功底好的新教师可以在班级环境的布置、主题墙的设计等方面多用心;舞蹈功底好的新教师可以在带领孩子做早操或是指导孩子开展音乐活动的时候,展示自己的特长,让家长看到你的能力与优势。另外,当自己在班级工作方面表现特别出色或是个人取得一定成绩的时候,可以第一时间将荣誉展示在班级家园联系栏中,但是切忌骄傲。其中,新教师尤其要把握好在家长和孩子面前第一次自我展示的机会。新教师可以主动跟主班教师协商让自己有机会在第一次家长会上亮相,或是主动承担家长会上某一个环节的任务,介绍自己的教育理念让家长更加了解自己。把握住第一次亮相的机会,就会让家长对你刮目相看。

③充实自己,从容应对家长。新教师首先要摆正自己的心态,不要

因为不会和家长交流，或和家长交流时表现不佳而感到羞愧或自暴自弃，要知道这是每位新教师都会经历的一个阶段。新教师要正视这种现象，要主动向有经验的老教师请教应对的方法。平时也要做好观察和记录，学习老教师处理问题的步骤与方式。尤其对于一些典型事件，如发生伤害事故怎么办，孩子之间发生冲突怎么办等，新教师可以想想如果是自己会怎么做，分析一下老教师的处理方法好在哪里，还有没有更好的解决办法，等等。然后，在工作中尝试运用这些经验，发现问题及时反思，不断改进。这样一来，虽然一开始家长会觉得你年轻缺乏经验，但是通过你的主动沟通，会让他们觉得你很在乎他们，能够很快地消除之前的误会，以后就乐意与你沟通了。

（2）用爱心赢得家长的信任。要想赢得家长的信任，新教师可以采取以下三种办法。

①取长补短，关爱幼儿。新教师因教学经验欠缺得不到部分家长的尊重和认可，那么就可以在其他方面加以弥补。比如，晨间接待的时候，以饱满热情的状态迎接每个孩子的到来，主动上前抱一抱孩子，问一问家长孩子昨晚或者早上在家的情况，让家长看到你很在乎他的孩子，那么家长也会给予热情的回应。教育能力上有限，新教师就可以从日常护理方面去弥补，精心照顾孩子的日常生活。特别是对于体弱多病儿或是当孩子身体不舒服时，教师的细心照顾更加能够得到家长的信任。

②提高主动性，赢得家长的信任。有些新教师觉得自己是副班教师，只要做好自己分内的工作就行了，至于家长工作则可以抛给主班教师，这种心态千万要不得。主班教师和副班教师在对待家园工作上既要协调一致，也要分工明确。家长由于平时工作忙不能看到孩子在幼儿园的情况，新教师就可以有效地利用家园通、班级QQ群、班级博客等，将孩子在幼儿园的表现通过照片加文字阐述的方式呈现给家长，让家长第一

时间了解孩子在幼儿园的表现,这样家长也会很愿意通过这些平台跟你沟通。久而久之,他们就能够感受到你对孩子的爱心和对家长的关注,就会主动亲近你、与你交流。

③在与家长沟通的时候,要讲究技巧。每个孩子都是家长手心里的宝。在与家长沟通的时候,教师要对幼儿给予正面的评价,以表扬为主。即使孩子某些方面做得不好,你也要站在家长的角度去思考,切忌将问题归咎于家长,指责家长的育儿方法不正确。教师应该面带微笑,语言婉转地提出问题,并且诚恳地提出建议,让家长看到你很通情达理而且是真心实意地想要帮助孩子,这样家长就会反思自己的行为,乐意与你交往。

2. 幼儿园层面

一位新教师的成长除了自身的不断努力外,来自幼儿园的支持与培养也是一个重要的因素。

(1)**提供平台,展示风采**。幼儿园可以组织新教师开展基本功比赛、新教师明星评比、"秀出你的风采"等活动,为新教师提供一个展示自我的平台,让新教师有机会展示自己的优点与特长,提高家长对新教师的认同感和信任度。在组织这样的活动时,要注意新教师多方面能力的展示,尽量让每一位新教师都有展示的机会。

(2)**理论培训,实践帮扶**。在为教师提供展示平台的同时,幼儿园还要注意提升新教师的业务能力,开展一系列相关的教育教学理论学习活动,让他们学习在学校没学到的知识。比如,开展家长工作案例研讨活动,提升新教师对家长工作的认识与能力;组织育婴师培训,提升新教师对幼儿保育保健工作的认识;组织学习《指南》《纲要》活动,提升新教师的理论修养等。同时开展师徒结对、学科组活动等实践性帮扶活动,通过一对一的指导,帮助新教师较快地适应班级工作,搞好家园关系。

（3）**重视孩子的口碑效应**。消除家长不信任的很重要的一个桥梁就是孩子。当孩子喜欢教师、信任教师时,家长对教师的信任值也会相应地增加。比如,刚刚入园的幼儿的家长因为不了解教师和幼儿园,不信任感是最强烈的,这时孩子哭闹的现象也最多。教师在这个阶段应给予孩子呵护、照顾,带着孩子游戏,引导孩子进行自我服务等,使孩子和教师建立起亲密的关系。当家长看到孩子由哭闹着入园到高高兴兴地入园时,由躲在妈妈怀里不肯进班到蹦蹦跳跳扑进教师的怀抱时,当听到孩子说喜欢××老师时,家长对教师的信任感就很自然地建立起来了。

举一反三

新教师在开学第一天如何给家长留下一个好的印象呢？在穿衣打扮、待人接物、关注孩子等方面可以怎么做呢？

(浙江省宁波市海曙区高塘幼儿园　董瑾；
浙江省宁波市江东区实验幼儿园　李娜)

第四章

应急事件的处理

难题 39　孩子在园受伤，如何联系家长并做好善后处理

引言

在幼儿园，确保孩子的安全是首要的。它既是家长最关注的方面，也是教师开展各项工作的前提。但是幼儿园或者教师只能加强管理，及时消除安全隐患，将事故的发生率尽量降到最低，并不能完全杜绝安全事故的发生。因为目前幼儿园班级人数相对较多，各类活动丰富，幼儿的身体素质又存在个体差异，稍不留意，他们就有可能受伤。遇到这样的突发事件，如果不妥善处理不但可能会耽误孩子的治疗，造成不可估量的后果，还有可能引发教师与家长，甚至幼儿园与家长之间的矛盾，造成不好的社会影响。

案例

一天午饭后，小（二）班的孩子们像往常一样开始自由活动。他们有的看书，有的玩角色扮演游戏，有的玩自己心爱的玩具，还有几个调皮的孩子在打闹。还没等沈老师上前提醒这几个打闹的孩子，就见天天已经腿一软扑倒在椅子上，鼻梁正好撞到椅子背上。沈老师扶起天天一看，发现他的鼻梁破了皮肿了起来。这时，芳芳老师吃完午饭来接班，沈老师和芳芳老师交代了几句刚才的情况就去和天天家长联系了。通知完家长，沈老师便到食堂用餐了。

过了10来分钟，天天的外公赶到幼儿园，看到天天的鼻梁红肿着，尽管听芳芳老师解释了缘由，但是他的情绪还是有些激动。他边带着孩子往幼儿园门口走，边大声说："幼儿园是怎么回事，怎么让孩子把鼻子

撞成这样！"这时，在食堂吃饭的沈老师和徐老师听到了，沈老师赶紧上前和天天的外公讲了事情的经过，但天天外公的情绪似乎还是不能平复："撞得这么严重，不知道鼻梁有没有事。"沈老师说："那你带孩子去医院检查一下吧。"这时，徐老师说："天天的外公，别着急！我和沈老师陪你一起带孩子去医院看看，拍个片子放心点。"同时，徐老师通知了幼儿园的负责人、保健医生（安全管理员）并告知了事件的基本经过。这时，天天的妈妈也来到幼儿园，大家一起带着孩子赶往医院。

到了医院，挂了外科急诊，医生处理了天天的伤口，然后安排天天去拍×光片。在等待天天拍片时，徐老师说："天天的外公、妈妈，你们别太担心，医生说了没什么大碍，只是一些皮外伤。"天天的外公说："要你们两位老师陪着真不好意思，其实也不太严重，谢谢你们。"徐老师说："天天的外公，这是我们应该做的，带孩子看下医生、拍个片可以放心点。不管哪个孩子受伤，我们老师都会心疼的。"沈老师听后接话道："孩子小，男孩又比较调皮，我们以后会多注意天天的。"天天的妈妈和外公听后连声道谢。天天拍完片，确认没有大碍，天天的妈妈和外公也松了口气，就带着他回家了。之后几天，天天请假在家休养，沈老师和芳芳老师多次上门和电话慰问天天伤口的愈合情况，希望天天早日康复回到幼儿园。

分析

孩子意外受伤以后，为什么家长的态度从不满到感激？教师对事件的处理方式是关键。

上述案例中孩子受伤后，沈老师几个处理不当的地方引发了天天外公的不满情绪。

（1）未能立即对孩子的伤口进行处理。一般，撞伤、擦伤后的伤口如果没有得到及时的处理，会立刻出现红肿、淤青以及周边皮肤的一些反应。几分钟后，伤口看起来就会比刚受伤时严重。这样当家长来接时看到孩子的伤口如此严重必定会心疼，进而表现出不满情绪。

（2）未能及时通知幼儿园负责人和保健医生。对于孩子受伤的情况，沈老师没有及时告知幼儿园的负责人和保健医生，让幼儿园了解相应的情况，让保健医生观察孩子伤口的严重性并做出进一步处理，从而使得园方比较被动地去处理这个事件。

（3）未能等待家长与其当面沟通。沈老师通知完家长后没有等待家长到来，未能及时和家长沟通并了解家长当时的反应和情绪，使得家长感到教师对此事不重视。

（4）未能表现出对事件承担的态度。天天的外公来到幼儿园后，沈老师只是让他自己带孩子去看医生，没有表示出对此事件承担的态度，使得天天的外公感觉教师对孩子受伤似乎有些袖手旁观，因此，情绪比较激动。

相反，徐老师的介入起到了转折作用。她不仅向家长表明了园方的态度，陪同家长前往医院，表现出诚意，而且在言语上进行了沟通、安慰，舒缓他们的焦虑情绪，使得家长觉得幼儿园和教师都是很负责的，从而萌生了感激之情。沈老师之后的话语以及后续几天两位班级教师的跟进，使得这次事件得到比较圆满的处理。

 破解策略

遇到类似突发的孩子意外受伤事件，当事教师到底该如何处理才算比较恰当呢？

1. 第一时间处理幼儿的伤口,稳定幼儿的情绪

教师应先了解孩子受伤的原因,分清是割伤、撞伤、擦伤还是压伤等,然后通知医务室工作人员一起及时做好孩子伤口的护理工作。必要时,把孩子送往医院做进一步检查。严重的,应立即拨打 120 急救电话。受伤后孩子的情绪会不稳定,教师一定要照顾好孩子,安抚他的情绪。

2. 通知园方负责人和幼儿的监护人

事件发生后,教师应马上告知园方负责人,请其给予一定的帮助,明确下一步处理方式,并且用适宜的方式通知幼儿的监护人,告知其孩子受伤的基本情况。教师一定要注意自己通知家长时的情绪、语气及表达方式等,不要引起家长不必要的恐慌和焦虑,不要让家长过分担心。

3. 陪同孩子前往医院,并及时与家长沟通交流

孩子受伤需就医时,必须由当事教师、园方安全负责人、保健医生等陪同孩子前往,和家长在医院会面。向家长表明幼儿园积极应对的态度,安抚好家长的情绪,由当事教师向家长交代清楚事情的经过,做好沟通工作。

4. 后续跟进

孩子意外受伤后的 48 小时是关键。园方负责人及班级教师应尽量上门探望,了解孩子伤势的恢复情况和家长对此事的看法和情绪,及时地做好解释和交流工作,避免一些误会产生。之后,班级教师可以进行电话访问或者阶段性探访,对孩子和家长保持关心,消除家长的不满情绪。

举一反三

如果孩子的伤势不至于就医,你会如何处理?

(浙江省宁波市第二幼儿园　徐东颖)

难题40　班级有幼儿突患传染性疾病，如何告知家长并应对

引言

在一个班级中，教师的最大心愿就是让孩子们能健健康康、平平安安地度过幼儿园的时光。但是在生活中，总是有那么多的细菌、病毒，让我们猝不及防。尤其是对于年幼的孩子而言，他们活泼好动，总喜欢东摸摸、西碰碰，但同时他们的抵抗力又相对较弱，很容易受到细菌、病毒的侵害。一旦有孩子患上了传染性疾病，那么在班级这个孩子们相对密集的环境中病毒就很容易蔓延。遇到这种情况，教师往往感到非常棘手，因为一旦处理不当，就很容易引起家长对幼儿园保育工作的不满，给家园关系带来危机。

案例

春秋季是传染病的高发季节。大（一）班的龙龙这天没来上学，龙龙妈妈打电话给孙老师说："龙龙昨天晚上发烧了，并且身上出现了许多小红点，去医院检查说是得了水痘，所以要请假在家休息几天。"孙老师同意了龙龙的请假，并叮嘱龙龙妈妈让孩子在家好好休息，隔离两周后再来上学。之后，她给所有家长发了手机短信，说明班级出现了传染病这一情况，请家长注意观察孩子有没有发烧，身上有没有出现小红点，如果发现请及时带孩子就医隔离，并告知班级教师。同时，在幼儿园里，保育员对班里的所有物品进行了消毒。班里三位保教人员坚持每天中午午睡前，孩子脱完衣服后，给孩子检查是否有水痘出现；如果发现孩子有出水痘的迹象，会立即将孩子送到保健室进行隔离，并联系家长，把

孩子接回家。

虽然教师们已经做了大量的预防工作，但是由于水痘病毒的潜伏期较长，还是有孩子陆陆续续起了水痘。这天晚上，孙老师下班回家，发现超超妈妈在班级QQ群里问："到底是谁家的孩子第一个起了水痘，然后把它传染给我们家宝贝的？"孙老师觉得既不能回答是谁，这样容易造成家长间的矛盾；也不能说不知道，这样显得教师不负责任。于是，孙老师找了一位平时关系较好的家委会成员——轩轩的妈妈，请她帮忙从家长的角度和超超妈妈解释一下，其实发生水痘传染是谁都不想的，但是现在既然发生了，再追究是谁第一个起水痘已经没有意义了，重要的是让孩子把病养好。看到轩轩妈妈在群里回复后，又有几位家长表示赞同轩轩妈妈的观点，孙老师松了一口气。可是超超妈妈并没有就此罢休，她又在QQ群里问："是不是班级里的卫生消毒工作做得不到位，才会让水痘病毒在班里蔓延的？"这时，孙老师觉得不能让家长如此误会幼儿园的工作，于是她回复道："班级里每天的卫生消毒工作都是严格进行的，但是因为水痘不同于手足口病，它不是通过接触传播的，而是通过空气传播的。我们能做到的是让空气流通，但是孩子们在一起，难免近距离接触讲话，因此还是很容易通过空气传播的。而且水痘有很长的潜伏期，我们只能让起水痘的孩子在家隔离。现在，重要的是让孩子把病养好。"超超妈妈看后明显气消了不少，抱怨了几句儿子在家太调皮，管不住之类的话，就没再说什么了。

一段时间之后，起水痘的孩子，渐渐都好起来了。奇奇妈妈因为工作忙，家里没人带孩子，希望早点将孩子送到幼儿园。孙老师坚持做好家长的说服工作，告诉奇奇妈妈虽然孩子的皮疹已经好了，但是他可能仍是病毒携带者，为了孩子好，也为了班级里其他孩子的健康，建议让孩子继续在家休息几天，等隔离时间结束再上幼儿园。

 **分析**

一旦班级里有孩子患上了传染病，无论是幼儿的家长还是教师都有各种各样的疑虑和苦恼。

1. 班级出现传染病后家长的疑虑

当班级有孩子患上传染病后，对于其他孩子的家长来说，这是一个危险的信号，他们会担心这个传染病会传染给自己的孩子，有的家长甚至选择让孩子在家躲几天。

当班级中有越来越多的孩子被传染时，有的家长就会变得心浮气躁起来，他们会想为什么会有这么多孩子得病，会不会是幼儿园的保育工作没做好，才让病毒在班级里蔓延的。

当被传染的孩子陆陆续续恢复健康的时候，那些在康复中的孩子的家长会想：别的孩子都回去上课了，自己的孩子什么时候才能回去上课呢？孩子那么调皮，在家也待不住，不如送去幼儿园，反正好得也差不多了。

2. 班级出现传染病后教师的苦恼

当班级发生传染病后，作为班级保教人员，也会有诸多的顾虑和担忧。

首先，要不要告诉其他孩子的家长班级里有孩子得了传染病？怎样告诉才不会引起家长们的恐慌？家长们会不会对班级保教人员有看法，认为是班级保育工作没做好，才会发生传染病的？会不会给幼儿园带来其他不良的影响？当面对家长的质疑时，我们又该如何应答？等等。

其次，虽然患病的孩子已经被隔离了，那么其他孩子有没有被传染呢？会不会已经被传染了，但是还没有发现呢？作为幼儿园教师，可以做哪些事情预防传染病在班级内蔓延呢？我们应该怎样做才能保障那些正常上学孩子的健康？等等。

最后，当有家长提出要让孩子提前解除隔离时，要不要满足家长的要求？如果满足了，万一引起新的传染，会不会让其他家长感到不满？如果拒绝，怎样拒绝才能让其欣然接受？等等。

破解策略

教师一旦发现班级里有孩子患上了传染病，就应该采取以下措施。

1. 及时发布疫情，密切家园合作

当发现班级里有孩子得了传染病时，首先，教师切忌将事实隐瞒下来，因为当大部分孩子还没有被传染时，家长们可以比较客观地看待这件事，毕竟这是人力所不能控制的；如果隐瞒的话，万一传染病在班级中蔓延开来，无法得到控制，家长们就会指责教师隐瞒事实，这会加重他们的不满情绪。因此，教师应保障家长的知情权。其次，教师要及时告知家长，引起家长的重视，让家长有一定的心理准备，采取一些适当的预防措施。当然，在告知家长的时候，教师应选择适当的方法，避免将事情说得过于严重，引起家长的恐慌。教师可以像上面案例中的孙老师那样，以温馨提示的方式，告诉家长班级里有孩子患了水痘，并告诉他们如何鉴别、预防水痘，给家长普及一些健康保健知识，家园协作，共同为孩子搭建健康防护网。

2. 善于利用家长资源，巧妙化解沟通困境

当遇到比较难搞定的家长时，有的问题作为教师不太方便回答，这时就可以借助其他家长之口，将想要表达的话传达出去。正如上面案例中的孙老师那样，在面对超超妈妈提出的问题——"是谁家的孩子第一个起了水痘，然后把它传染给我们家宝贝的"时，她借助轩轩妈妈之口代为回答。因为当家长带着情绪来质问教师时，她已经站在了教师的对立面，这时教师恐怕说什么都是错的，而其他家长就成了她潜意识里的同盟军，因此家长和家长之间就比较容易沟通。同时轩轩妈妈理解、体谅的态度也为其他家长做了榜样示范作用，避免超超妈妈激动的情绪感染其他家长，引起其他家长对教师的不满情绪。

3. 班级工作透明化，消除家长的疑虑

当遇到像超超妈妈这样的家长时，教师难免感到头疼。尤其是当她问"是不是班里的卫生消毒工作做得不到位，才会让水痘在班里蔓延的"时，教师或许会感到气愤和委屈。但是仔细分析一下，也许她只是问出了其他家长不好意思问的问题而已，这也提醒了教师，也许有什么地方疏忽了，工作没有做到位。显然，上面案例中的超超妈妈之所以问出这样的问题，是因为她对幼儿园的保育工作不了解造成的。因此，教师应该心平气和地将幼儿园是怎样对待传染病的，以及班级保教人员为此做了哪些工作等告诉家长，消除家长的疑虑，让家长了解到有些事情是教师所不能控制的，这样才能得到家长的谅解。

4. 严格遵守隔离制度，保障幼儿的健康

当有家长想让孩子提前解除隔离，恢复上学时，教师必须严格遵守隔离制度，从为了孩子健康的角度出发，劝说家长等隔离时间结束了再把孩子送到幼儿园来。往往这种时候，家长是抱着侥幸心理的，所以教师需要对家长晓之以理、动之以情。其实，大家都不想让病毒在班级里传播，如果继续传播的话，郁闷的不仅是得病的孩子，那些抱有侥幸心理

的家长心里也会不好受。消除了家长的侥幸心理，他们也就乐意让孩子继续在家里隔离了。

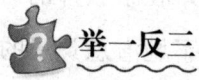举一反三

如果班级里有幼儿患上了手足口病，你会怎样处理呢？

（浙江省宁波市大榭开发区中心幼儿园　余亦琦）

难题41 孩子突然晕厥，怎么办

 引言

3—6岁的幼儿正处于生长发育的高峰期，他们的生理机能正处于不稳定的阶段；而且幼儿间的体质差异也较明显，对于细菌、病毒或者是某些特殊刺激，他们的身体反应各不相同，因此常会出现一些突发状况。其中晕厥是在幼儿阶段较容易出现的一种情况，一旦发生，教师应该怎么应对呢？

 案例

一天上午，张老师正带着孩子们做操，庆庆妈妈带着庆庆匆匆赶到幼儿园。"不好意思，老师，因为今天家里有事我们来晚了。"庆庆妈妈说完就赶着去上班了。

这时，张老师看到庆庆气喘吁吁且满头大汗，问道："你怎么气喘得这么急呀？"

"妈妈说来不及了，带着我跑过来的。"庆庆喘着气说。

"那你赶紧和小朋友一起做操吧。"张老师说。

没想到做到最后一个整理操时，庆庆脸色苍白，突然倒地。

"庆庆，庆庆。"张老师拼命摇着庆庆的身体喊他。孩子们也都围到了庆庆身边，可是庆庆没有任何反应。

"这可怎么办呀？"张老师急得快要哭了。

这时，旁边班上的陈老师看到了马上说："张老师，你快去找保健医生。"说着，陈老师就把庆庆抱到比较通风阴凉的走廊上放平，让孩子们

都退开不要围着庆庆,并且解开了庆庆衬衫上的前两颗扣子。这时,保健医生赶过来了,她帮助庆庆把脚踮起,让他闻了闻清凉油。没一会儿,庆庆就醒过来了。保健医生还准备了一杯糖水,让庆庆慢慢喝下。之后,庆庆又能和其他小朋友一起活动了。

随后,张老师联系了庆庆妈妈,把情况告诉了她,不过庆庆妈妈没有要求将孩子接走。这一天,张老师和班上的其他教师及保健医生都很关注孩子们的情况,所幸再没有发生类似事件。

 **分析**

上述案例中,庆庆之所以晕厥,主要是因为他在来园的路上跑得时间太长且跑得急,引发了脑部的短暂性缺氧缺血,再加上没有得到适当的缓解就继续参与运动,脑部供血就更跟不上了导致的。

其实,这件事情本来是可以避免的。张老师在发现了庆庆气喘吁吁、流汗不止后,只是询问了原因,并没有做出适当的护理,而是让庆庆继续参与早操运动。如果当时就让庆庆到相对凉快的地方休息下,喝点水,擦擦汗,或许后来的事情就不会发生了。

庆庆晕倒,张老师不断地推喊孩子,整个人处于惊慌失措的状态。她的这种处理措施是极为不当的,很容易让孩子的情况恶化甚至导致不可挽回的后果。此时,陈老师的帮助和保健医生的协助让庆庆得到了正确及时的急救护理。

庆庆恢复意识后,张老师及时和家长取得联系,告知情况,了解家长的反应。同时,对孩子进行跟踪观察、护理。她此时的做法还是值得肯定的。

 **破解策略**

虽然教师不是医务人员，没有专业的医护知识，但是长期跟孩子打交道，还是应该对孩子的一些常见疾病有所了解，并学习一些急救知识。这样，一旦孩子有突发情况，就能及时恰当地进行处理，救助孩子。

当发现孩子晕厥后，教师可以采取以下措施。

1. 第一时间观察了解情况，判断晕厥的原因

晕厥主要是由于短时间内大脑供血不足，使人暂时失去了知觉。之所以会发病，一是可能因为恐惧、紧张、悲伤、注射等情况引起精神高度紧张导致的；二是可能因为空气不流通、闷热导致的；三是可能因为站立时间过久，尤其是在烈日下，以及平卧或在厕所大便时突然站起等原因引起脑组织暂时缺血导致的。

当晕厥发生后，教师应首先了解当时或之前幼儿在做什么以及他是否有什么病史、家族病史等，判断引发晕厥的原因，从而采取相应的措施。

2. 第一时间急救，并求助于专业的医护人员

事件发生后，教师应一边采取应急护理措施，一边让班上的教师告知园方负责人，明确下一步的处理方式，并请保健医生前来进行救护，同时用适宜的方式通知幼儿的监护人，告知其孩子的基本情况，并了解幼儿之前在家是否有类似情况发生。

幼儿晕厥后，基本的急救护理措施如下：

- 立即让幼儿平卧,头略放低,借此体位使一时性的脑缺血得以改善。
- 解开衣领、腰带，使呼吸通畅。
- 如由低血糖引起的晕厥，应立即给幼儿饮糖水，提高血糖浓度。

3. 对幼儿的情况进行全面的了解

除了在幼儿晕厥后做适当的处理外，更为重要的是，教师应思考如何避免这类事件的发生。这就需要教师对幼儿进行全面的了解，因此入园前的家访就显得尤为重要了。家访时，除了对孩子的个性、习惯等进行了解外，教师更要关注其是否有先天性疾病、一些特殊症状、药物或食物过敏等，这是今后对幼儿进行日常生活护理时至关重要的方面。教师提前了解就可以做好防护工作，对有特殊体质的孩子进行特别关注和重点照顾。园方也可提前签署安全协议，对隐瞒幼儿病情的家庭不予承担责任。

此外，对于孩子的日常生理反应，教师也要及时关注并做出适当的处理。比如，上述案例中当发现庆庆已经身体疲惫了，教师就应该立即让他休息。

4. 对事件进行后续的了解和跟进

经适当的急救护理，幼儿的身体恢复正常后，教师还是不能轻视，应和家长联系沟通，建议家长带孩子去医院做全面的检查，查明引起晕厥的原因，并针对原发病积极接受治疗。如果家长认为问题不大想让孩子继续留在幼儿园，那么教师应先向家长说明责任承担情况，然后要更为注意观察孩子的情况，小心照顾，如有特殊情况应立即送往医院或拨打急救电话，绝不能耽误。

举一反三

如果孩子因为没吃早餐而导致晕厥,你会怎么做?

(浙江省宁波市第二幼儿园　徐东颖)

难题 42 当家长当着教师的面争吵时，怎么办

引言

在幼儿园，幼儿间发生矛盾是很正常的。有的家长能理性对待，有的家长则一旦发现孩子吃亏了，就不依不饶。当家长们因为孩子间的矛盾当着教师的面争吵起来时，如何处理就是一门学问了。

案例

小（三）班的明明与亮亮是一对好朋友，经常一起玩耍，但有时也会因为一些小事而发生争执。这一天，他们为了一件玩具争抢了起来。争抢之中，明明在亮亮的腿上抓了一道伤痕，亮亮也不甘示弱地抓伤了明明的胳膊。两个孩子并没有向老师报告这件事情，教师也完全没有察觉。结果下午离园时间，双方家长来接孩子时发现孩子身上有伤痕，了解了缘由后就吵了起来。

分析

现在大多数家庭只有一个孩子，家长最担心的就是孩子的安全问题。当发现自家的孩子与其他小朋友有争执时，有些家长会毫不犹豫地站出来替孩子"出头"，生怕孩子受一点委屈，有的甚至会失去理智指责、吓唬与自己家孩子起争执的孩子，或直接找对方的父母讨个说法，导致家长间发生争执。

上面案例中，两位家长之所以争吵起来，与教师处理不当有莫大的

关系。

（1）**带班期间不够用心。** 上面案例中，两个孩子在幼儿园发生了争执进而抓伤了对方，带班教师却毫不知情。如果教师能提前察觉，并且在家长来接时主动与家长进行沟通、解释，事情也就不会发生了。

（2）**未能及时采取积极的措施化解家长间的矛盾。** 上面案例中，教师在发现家长们发生矛盾后，还未意识到自己的失职行为，未能就自己的带班过失向家长道歉，更没有进行调查和劝架等疏导工作，让自己置身事外。

（3）**未能及时向家长传达争吵的危害。** 教师应该让家长意识到事情的僵化与双方家长的争吵对幼儿所产生的负面影响。原本幼儿园中孩子们之间的磕磕绊绊是很正常的，没想到因此导致两位家长之间产生矛盾。这样两个孩子在今后的相处中很可能会失去原有的天真与活泼，变得谨小慎微，不利于他们交往能力的发展。

破解策略

针对以上分析，当家长们因孩子间的矛盾发生争执时，教师应该采取以下措施。

1. 安抚家长们的情绪，化解他们的矛盾

当发现家长们发生争执后，教师应该立即上前，安抚家长们的情绪。待双方家长情绪稳定后，教师首先应该就自己的失职行为向家长道歉，请求家长的理解与原谅。其次，要帮助家长认识到三四岁的孩子正是以自我为中心的时候，他们在同伴交往中发生冲突是很正常的事情，家长不必过分担心，也不要过度干涉。如果家长干涉的次数过多，会让孩子对家长产生依赖心理，从而失去独立解决人际冲突的机会。最后，要帮助家长掌握一些正确的帮助孩子解决冲突的办法。三四岁的孩子,其语言表达能力和沟通能力有限,他们不会用礼貌性的语言来表达自己的想法,更愿意用行动来表达自己当时的情绪。所以家长要帮助他们学会用恰当的语言来表达自己的需求,逐渐学会分享。

2. 当面引导孩子,向家长示范处理幼儿矛盾的正确方法

教师首先要明确且严肃地告诉两个孩子,争抢玩具、抓伤同伴的行为是不对的、不被允许的;然后帮助孩子换位思考,认识到自己的问题,并掌握一定的交往方法。比如,针对上述案例中的情况,教师可以对亮亮说:"抢别人东西是不对的。你也想玩这个玩具,是吗?但是,小朋友之间要文明礼貌,而不是直接去拿过来。如果明明拿了你的玩具,你开心吗?下次你想和他一起玩,你可以说:'我们一起玩好吗?'或者'你的玩具能借我一下吗?'"然后,教师可以再对明明说:"亮亮也很喜欢你手里的玩具,所以心里很着急,并不是真的要抢你的玩具。下次,如果他说想和你一起玩,你和他一起玩,好吗?"通过这种方式,让两个孩子握手言和,也让家长学会怎样处理孩子间的矛盾是适宜的。

3. 开展专门的教育活动,培养幼儿正确的交往方法

短时间内让幼儿习得正确的交往方法比较困难。因此,教师可以开展故事或情境教学活动,先让幼儿自发地说出抢他人玩具及抓人的行为是不对的。在幼儿否定这种行为的基础上,再让他们说说碰到这种情况应该怎样做。最后,教师再总结解决方式,通过表扬和鼓励进行强化。

4. 加强对幼儿日常生活的观察与照顾,及时与家长沟通

家长既然把孩子交给了教师,那么教师就是家长最信任的人。因此,教师一定加强自身的岗位责任感，密切观察和照顾孩子，避免孩子们因争执而受伤。一旦发现孩子受伤，教师要及时进行处理，并提前告诉家长，以免引起家长的误解，或者引发家长间的冲突。

举一反三

针对案例中的情况，如果你是幼儿园教师，你会怎么做？

（浙江省宁波市海曙区闻裕顺幼儿园　张雨；

浙江省宁波市海曙区第二幼儿园　戴维）

难题43 家长发现孩子穿着尿湿的裤子回家后来找教师理论，怎么办

 引言

在班级里我们常常发现，有些孩子遇到问题能主动寻求教师的帮助，有些孩子则是默默地哭泣或是独自忍受。如果教师缺乏敏锐的观察力和强烈的责任感，就会忽视这类不主动告知的孩子，进而引发一些家长的不满。

案例

这天下午四点钟，孩子们像往常一样开始陆陆续续地离园了。小（二）班的陈老师正在和剩下的几个孩子玩桌面游戏，就见琪琪的奶奶领着琪琪径直走到自己面前，很不客气地质问道："陈老师，我们家琪琪怎么尿裤子了？我刚才接她回去的时候才发现，几乎半条裤子都湿了。看样子早就尿湿了，这么冷的天，孩子得多难受，你们老师是怎么回事啊？"陈老师听后心疼地问琪琪："宝贝，你什么时候尿的？怎么不和老师说呢？"见琪琪低头不语，陈老师立马向琪琪的奶奶道歉："琪琪奶奶，真是不好意思，是我的疏忽，还是赶紧给孩子换条裤子吧！"

换好裤子后，琪琪奶奶的态度仍旧不是很好："希望下次老师能多关心一下我们的孩子，孩子大冬天的尿湿了很容易感冒的……"听琪琪奶奶这么说，陈老师既心疼孩子，又感到委屈，因为每次活动结束后或是孩子们喝过大量的水后，她都会提醒他们去小便。而且，她今天已经提醒过琪琪好多次去上厕所了，没想到她还是尿裤子了。

 **分析**

孩子尿裤子一定是有原因的，家长和教师应该重视。一般来说，不外乎以下几种原因。

（1）**幼儿内心太过紧张**。对于小班的孩子来说，他们入园不久，对于新环境还没有很好地熟悉。有个别孩子可能还存在少许的焦虑情绪，对于班级的其他小朋友和老师还不能从心底里接受或者亲近，因此出现了临时性的大小便失控。

（2）**幼儿过于贪玩**。在幼儿园里，教师会安排各种游戏活动，也会给孩子一些自由活动的时间。有的孩子因为贪玩，不肯及时去厕所，等到憋不住了才想起去大小便，然而这时已经来不及了。

（3）**幼儿自我控制能力不够**。在班级里，可能有一部分孩子在家大小便时基本都是由家长提醒的，他们自己无须体验什么时候会有便意。到了幼儿园，情况就不一样了。有些幼儿园会在一些固定的时间提醒孩子们去大小便，但是教师的提醒未必及时，因此孩子失控的可能性还是有的。还有一些幼儿园则不会提醒孩子们去大小便，而是更多地让他们学会自主处理，这样孩子尿裤子的机会就更多了。况且，对于小班的孩子来说，上厕所需要掌握很多的技巧，不是一件容易的事情，他们需要慢慢摸索才能学会。

（4）**教师平时太严厉**。如果教师平时太严厉，孩子会害怕把自己的需求告诉老师，也可能导致尿湿裤子。从上述案例中可以发现，琪琪是一个比较内向的孩子，平时不善于表达。这种类型的孩子比较敏感，可能教师在教导其他犯错误的孩子，他们却会想到自己。因此，教师更应多给予这类孩子一些关爱与温暖。

此外，有些孩子尿湿裤子后之所以不告诉教师，是出于爱面子的心理。比如，有些教师在孩子尿湿裤子之后会说："××，你尿裤子啦！"教师可能只是无心之语，没有批评的意思，但是在孩子看来，他们会觉得尿湿裤子是不对的，被其他小朋友知道会很难为情，会感到自卑。因此，有的幼儿尿湿裤子也不敢告诉老师，有的干脆一天不敢喝水，有的甚至不想再上幼儿园。

破解策略

结合以上分析，当家长发现孩子穿着尿湿的裤子回家后来找教师理论时，教师可以采取以下措施应对。

1. 认真倾听，了解不满

当家长对教师不满时，他们有时候会就事论事地表达出来。有时候，可能会借题发挥，把平时对教师的不满和积怨一并发泄出来。这时候，教师不必急于解释，只要专注、耐心地倾听就可以了。其实，家长可能就是想让教师多多关注自己的孩子，表达或发泄之后，他们的心情就会平静下来，这时教师再与他们沟通效率就高了。另外，从家长的倾诉中，教师很容易了解家长的真实想法，便于解决问题。

2. 分析原因，有效应对

面对家长的指责，教师应该虚心接纳，理解家长疼爱孩子的心理，就自己的失职行为向家长道歉，同时应寻求解决问题的最有效的方法。教师应主动与家长进行沟通，了解幼儿尿湿裤子的的主要原因，然后对症下药。比如，教师可以让琪琪奶奶帮忙了解琪琪内心的想法，然后根据家长的反馈采取相应的措施。如果琪琪是因为害怕被同伴嘲笑而不敢告诉老师自己尿裤子了，说明教师在保护幼儿隐私方面做得不到位，教师以后在这方面应多加注意。

3. 未雨绸缪,防患于未然

小班刚入园的孩子尿湿裤子,实属正常。因此,在孩子刚入园时,教师就应该指导家长在家里里正确引导孩子学会主动如厕。同时,教师应该告诉孩子们,想大小便时可以随时告诉老师。发现孩子尿湿裤子后,教师应悄悄地问孩子:"你的裤子出汗了,是吗?"然后悄悄地为孩子换掉。对于那些性格内向害羞的孩子,教师要尤其关注。

举一反三

如果你是案例中的陈老师,面对家长的指责,你会如何处理呢?日常教学中对于那些内向,不敢与教师和同伴交流的孩子,你会如何引导呢?

(浙江省鄞州区阳光丽园幼儿园　蒋玲艳)

难题44　家长联名要求幼儿园劝退某个孩子时，怎么办

引言

调皮的孩子是每个幼儿教师在其教育生涯中都会遇到的。调皮的孩子一般不会遵守班级常规，常常扰乱其他孩子的活动。如果孩子过于调皮顽劣而教师又没有及时干预的话，就会又引起家长们的激烈反应，他们甚至会联名要求园方将孩子劝退。

案例

一早，妞妞妈妈就急匆匆地来到幼儿园向教师兴师问罪："张老师，昨晚我家妞妞哭着告诉我，东东昨天抢了她的书本和玩具，还欺负她，她都害怕上幼儿园了。张老师，这已经不是一两次了。老是这样可不行，你该跟东东的家长好好谈谈。"东东生长在一个单亲家庭，张老师已经跟东东妈妈反映过好几次东东的情况，但是好像对东东没有什么帮助。

这天忙碌了一天回到家，张老师打开电脑，只见班级QQ群里家长们正在谈论东东：瑶瑶妈妈说，今天孩子腿上有块乌青，说是东东推的，请老师关注下。下面不少家长也纷纷说，自家孩子虽然平时已经不和东东玩耍了，但还是受东东的欺负。就这样你一句我一句，大家纷纷指责东东的行为已经影响到其他孩子正常的幼儿园生活，应该让东东退学，并表示过几天会联名向幼儿园提出要求。看到这些，张老师不知道该如何跟他们沟通。

 **分析**

案例中,针对东东的调皮行为,张老师向东东妈妈反映了多次,但是东东的调皮顽劣表现并未有所改善,这说明东东妈妈并没有采取有效的措施教育孩子,甚至有可能根本没有对东东进行过教育。

另一方面,张老师知道东东的行为对其他小朋友造成的影响,也猜想到了东东的行为很可能是因为他生活在单亲家庭造成的。但是张老师除了联系家长反映情况外,并没有在幼儿园主动对东东采取进一步的教育措施。

 **破解策略**

根据上述分析,当家长联名指责一个孩子调皮捣蛋并要求幼儿园将其劝退时,作为园方应该如何应对呢?

1. 主动缓解矛盾,保证每个孩子都有在幼儿园接受教育的权利

教师首先必须明白,幼儿园作为一个教育机构,它的任务是培养和教育学龄前儿童,即使儿童比较顽皮,幼儿园也不能劝退他,反而需要更加用心地辅导他。因此,当众多家长联名要求幼儿园劝退东东时,教师应在理解家长们心情的前提下及时出面调解,告诉他们园方在让东东继续留在幼儿园接受教育的同时,一定会解决好东东调皮捣蛋的问题,并保证他们的孩子在幼儿园的正常学习生活不会再受到干扰。幼儿园还可以通过座谈会的形式邀请家长们来园进行交流,认真且耐心地听取他们的意见,并且开诚布公地告诉他们幼儿园将会采取的措施以及这样做的原因。通过双方面对面的交流,既可以把当下的问题分析和解释清楚,也有利于园方制订出一套让各方都较为满意的解决方案。

2. 家园配合对东东进行教育辅导，从根本上解决问题

根据东东的情况，教师应联系他的妈妈来园向她继续反映这个问题，请她在家里给予孩子更多的关心和教育，并在必要时为她提供一些家庭教育指导建议，引导她在家对东东进行正确的家庭教育。同时针对东东的性格特点，教师在幼儿园内应给予他更多的关心和爱护，更有耐心地对他进行教育辅导，引导他学会遵守班级常规，学会与小伙伴和睦相处，纠正他调皮捣蛋的行为。教师还可以邀请东东当班级"小老师"，促使他在管理其他孩子的同时约束自己的行为，起到榜样作用。相信家园配合从两方面对东东进行教育，一定会改变他顽劣的个性，从根本上解决问题。

举一反三

如果你班上某个孩子因为顽皮而被其他家长联名要求幼儿园劝退，你会如何处理？

（浙江省宁波市鄞州区龙观中心幼儿园　徐国娜）